"十四五"职业教育国家规划教材

网店开设与管理实训

许昭霞　主编

左爱敏　程　鹏　聂凤丹　副主编

电子工业出版社

Publishing House of Electronics Industry

北京·BEIJING

内 容 简 介

本书是与《网店开设与管理》一书配套的实训用书，本书从实用的角度出发，语言简明生动，突出了电子商务专业的特色及实践性教学的特点，能够帮助学习者不断巩固专业知识，提高技能水平和综合应用能力。

本书通过典型案例设计了 27 个实训任务，有效巩固和提高了网店开设及管理的综合能力，包括开店前的店铺定位、店铺装修、商品拍摄、商品详情设计、商品发布、店铺推广、网店日常管理等，书中还特别介绍了实践中的经验和技巧。以开设与管理网店为主线，技能实训篇的所有任务都由任务描述、任务准备、实现步骤、评价方案、任务扩展五部分组成，引导学习者按步骤、保质保量地完成实训任务，在体验式和探究式学习模式中逐步具备实际工作能力。

本书是电子商务初学者非常宝贵的一本教材，可以作为职业院校电商专业的入门教材使用，也可以供想开网店的初学者自学使用，或者作为创业教育的实训教材。

图书在版编目 (CIP) 数据

网店开设与管理实训 / 许昭霞主编. —北京：电子工业出版社，2018.8

ISBN 978-7-121-31841-2

Ⅰ. ①网… Ⅱ. ①许… Ⅲ. ①网店－管理－中等专业学校－教材 Ⅳ. ①F713.365.2

中国版本图书馆 CIP 数据核字（2017）第 130202 号

策划编辑：关雅莉

责任编辑：杨 波

印 刷：北京虎彩文化传播有限公司

装 订：北京虎彩文化传播有限公司

出版发行：电子工业出版社

　　　　　北京市海淀区万寿路 173 信箱 邮编：100036

开 本：787×1 092 1/16 印张：13.25 字数：339.2 千字

版 次：2018 年 8 月第 1 版

印 次：2025 年 1 月第 13 次印刷

定 价：42.00 元

前　言

全书内容以实训店项目为主线贯穿始终，分别从网店开设、店铺装修、商品拍摄、商品发布、日常管理及运营推广六个方面来介绍。书中所用任务全部来源于真实案例，有较强的实用性与易学、易用性。本书内容与市场需求紧密贴合，使学习者可以很直观地掌握网店开设的相关知识与技能。教学资料包中提供了书中所用到的图片素材和教学场景图片。

本书在内容编排上注重避繁就简，突出可操作性，语言表述通俗易懂，并侧重于实践应用和社会需要。技能实训篇的每个任务都由任务描述、任务准备、实现步骤、评价方案、任务扩展五部分组成，方便授课教师组织教学的同时，也可以让不同层次的学生都能学有所得。

本书的教学参考学时为48～60学时，可集中两周时间完成实训。

本书由石家庄市第二职业中专学校的许昭霞主编，左爱敏、程鹏、聂凤丹担任副主编，参加编写工作的还有石莹、刘苑、刘洋、郑伟、高天航、陈荣娟、刘伟、段霞等老师。在编写过程中有很多业内的专家提供了宝贵的意见，在此一并表示感谢。由于编者水平有限，加之时间仓促，书中错误和不妥之处在所难免，恳求读者批评指正。

为了方便教师教学，本书还配有教学资料包。请有此需要的教师登录华信教育网免费注册后进行下载。

编　者
2018 年 5 月

目　录

项目实训篇

技能实训篇

　　在电子商务平台——淘宝网中开设网店，需要的基本技能包括：店铺定位、店铺装修、商品拍摄、商品详情设计、商品发布、店铺推广、网店日常管理等，本篇将常用的相关技能以开设与管理网店为主线设计为21个任务，并按工作流程展开。

店 铺 定 位

技能目标

- 了解线下、线上进货的渠道和特点
- 熟练掌握如何进行线上和线下市场调查并确定店铺经营商品
- 熟练掌握网店注册及认证流程

任务描述

货源选择对网店来说至关重要，关系到日后网店的经营是否顺利。市场销售情况良好的商品，经过推广，会更容易成单，所以货源选择要进行充分的市场调查，不能盲目跟从。先对线下、线上的进货渠道进行了解，并进行相关行业、消费群体、竞争对手的市场调查，确定商品，之后，还要考察供货商，以确保可以准时、保质、保量地供货。

任务准备

1. 市场调查及店铺定位

（1）确定要调查的市场和平台。

（2）制作市场和平台的调查表格。

2. 证件准备

店主的身份证（已满 18 周岁）、已开通网银的店主本人银行储蓄卡、保证正常通话的手机（用于手机验证时绑定的号码）、清晰的身份证正反面电子照片、清晰的手持身份证的上半身照（照片中要露出手臂）。

实现步骤

1. 进货渠道市场调查

确定线下、线上的进货渠道。在周边寻找批发市场，进行商品考察，对比各市场的优劣，在线上查找相关的供货平台，与线下进行对比。根据调查的资料完成表 1.1 的进货渠道市场调查，分析市场情况，在确定商品方向的同时，快速确定进货渠道。

表 1.1　进货渠道市场调查表

调查人：＿＿＿＿＿＿＿　日期：＿＿＿＿＿

对比项目＼渠道	线下进货渠道			线上进货渠道		
市场（平台）名称						
商品种类（多/少）						
价格对比（高/低）						

2. 行业及商品市场调查

圈定几个行业并进行市场调查，完成表 1.2 的行业市场调查，通过对相关数据的分析确定销售哪个行业的商品。

表 1.2　行业市场调查表

调查人：＿＿＿＿＿＿＿　日期：＿＿＿＿＿

调查内容＼渠道	线下进货渠道			线上进货渠道		
市场（平台）名称						
行业名称						
市场需求情况						
是否符合市场的流行趋势						
市场容量						
是否有前瞻性						

通过市场调查，完成表 1.3 的商品市场调查和表 1.4 的消费群体调查，分析相关数据，确定要销售的商品。

表 1.3　商品市场调查表

调查人：＿＿＿＿＿＿＿　日期：＿＿＿＿＿

调查内容＼品牌				
销售情况				
口碑				
售后服务				

表 1.4　消费群体调查表

调查人：＿＿＿＿＿＿＿　日期：＿＿＿＿＿

调查内容＼类型				
消费能力				
年龄段				

调查内容＼类型				
对商品的认知度				
需求度				
接受的设计风格				

调查经营较成功的同类店铺，分析其成功之处，畅销的商品有哪些，常用哪些促销手段等，完成表 1.5 的线上同类商品销售情况调查，分析与对手的差距，做出可行性方案。

表 1.5　线上同类商品销售情况调查表

调查人：＿＿＿＿＿＿＿　　日期：＿＿＿＿＿＿

调查内容＼平台	天　　猫	企　业　店	C　　店
同行业店铺数			
同款（类）产品数量			
竞争对手的销售价格			
热搜度			
全网点击率			

通过市场调查确定供货商，完成表 1.6 供应商调查，通过对比分析资料，确定合作的供应商。

表 1.6　供应商调查表

调查人：＿＿＿＿＿＿＿　　日期：＿＿＿＿＿＿

调查内容＼供应商			
质量			
价格			
信誉度			

3．店铺定位及开设

根据以上的调查结果，确定所要经营的商品，以及店铺的整体设风格。用已准备好的申请材料依照开店步骤开设店铺。

评价方案

实训完成情况评价表

项　　目	A　级	B　级	C　级	个人评价	同学评价	教师评价
进货渠道调查	调查数据完整、精确	调查数据较完整	调查数据不完整			
行业市场调查	调查数据完整、精确	调查数据较完整	调查数据不完整			
商品市场调查	调查数据完整、精确	调查数据较完整	调查数据不完整			
消费群体调查	调查数据完整、精确	调查数据较完整	调查数据不完整			

续表

项　目	A　级	B　级	C　级	个人评价	同学评价	教师评价
线上同类商品销售情况调查	调查数据完整、精确	调查数据较完整	调查数据不完整			
供应商调查	调查数据完整、精确	调查数据较完整	调查数据不完整			
学生互评评语						
教师总结评语						
组内总结						

任务扩展

在淘宝网上完成个人店铺的注册。

注意事项：完成支付宝实名认证、开店身份认证，开店认证通过后先不要创建店铺，准备好装修素材和商品详情页面再创建店铺。

制 作 店 标

技能目标

- 熟悉店标的作用、意义及重要性
- 了解店标的设计理念及制作方法
- 掌握设计、制作店标的基本步骤

任务描述

对网店而言，店标有着非常重要的作用，是店铺风格、产品档次及特性的代表，好的店标可以对店铺起到良好的宣传作用。如图 2.1 所示的店标——"我淘文具"是针对文具网店设计的，颜色选用了富有朝气的绿色，象征着消费主体——学生的活力，树叶的搭配是为了体现其所代表的生命力。

图 2.1 "我淘文具"店标

任务准备

设计如图 2.1 所示的店标要用到 Photoshop 软件中"自定义形状"工具做叶子和水滴的效果。

实现步骤

① 打开 Photoshop 软件，新建一个 80×80px 的文档，命名为"我淘店标"。新建图层 1，单击"选取"工具箱中的"椭圆选框工具"按钮，在工作区中按住【Shift】键拖拽出一个正圆选区，如图 2.2 所示。

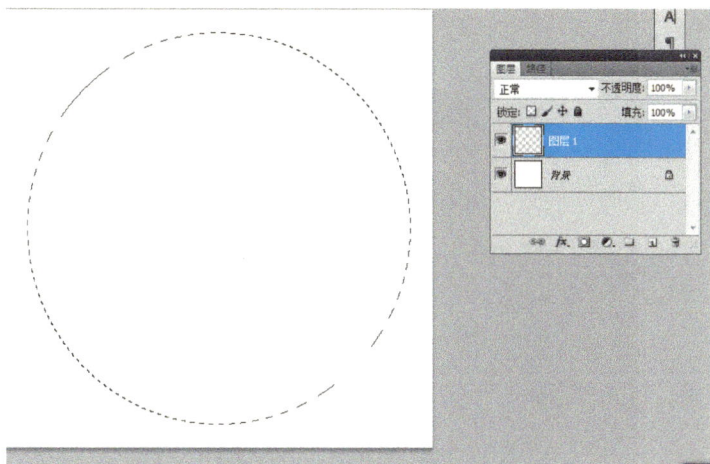

图 2.2　拖拽正圆选区

② 对选区进行描边。按组合键【Alt+E/S】，在"描边"对话框设置宽度为"2px"，颜色为绿色（R：135，G：190，B：45），如图 2.3 所示。完成后单击"确定"按钮，按组合键【Ctrl+D】取消选区。

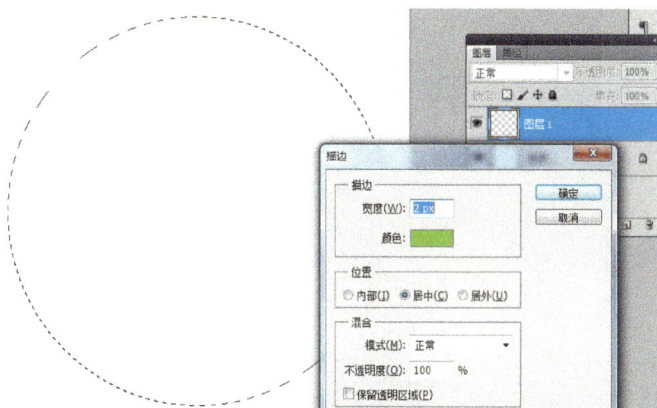

图 2.3　"描边"选区

③ 单击工作区左侧"选取"工具箱中的"排版文字工具"按钮，竖排输入文字"我淘"，设置字体为"幼圆"，大小为"25 点"，颜色为黑色，如图 2.4 所示。

④ 选择"我淘"文字层，右击（鼠标右键单击），在快捷菜单中选择"栅格化图层"，单击"选取"工具箱中的"橡皮擦工具"按钮，在"橡皮擦"工具箱中选择"画笔预设"形状为"硬边圆"，把"淘"字左侧的"三点水"擦除，如图 2.5 所示。

图 2.4　输入文字

图 2.5　擦除部分文字

⑤ 新建"图层 3"，单击"选取"工具箱中的"自定形状工具"按钮，在工作区上方的属性栏中，单击"填充像素"按钮，在"形状"列表中选择"叶子3"，单击"选取"工具箱底部的"设置前景色"按钮，设置前景色为绿色（R：135，G：190，B：45），拖拽鼠标画出绿叶，并调整绿叶的位置和方向，用"橡皮擦工具"擦除叶子的叶柄部分。重复以上操作，依次画出另两片绿叶，如图 2.6 所示。

图 2.6　绘制三片绿叶

⑥ 新建"图层 4"，按照上一步骤的方法在圆线顶部画出同样的一片绿叶，并调整好方向和大小，如图 2.7 所示。

⑦ 在圆线内部右下侧输入文字"文具"，设置字体为"幼圆"，大小为"12 点"，颜色为黑色，如图 2.8 所示。

图 2.7　绘制顶部绿叶

图 2.8　输入"文具"两字

⑧ 在"文具"文字层的下方新建"图层 5"，在"具"字下方拖拽出一个正圆，填充为绿色（R：135，G：190，B：45），选择"文具"图层，单独选中"具"字，在属性栏

中将其改变为白色，如图 2.9 所示。

图 2.9　文字装饰后效果

⑨ 选择"图层 1"圆线层，单击"选取"工具箱中的"橡皮擦工具"按钮，擦除圆线的右上侧部分，如图 2.10 所示。

图 2.10　擦除部分圆线

⑩ 新建"图层 6"，单击"选取"工具箱中的"自定形状工具"按钮，单击"填充像素"按钮，形状选择"雨滴"，前景色设置为绿色（R：135，G：190，B：45），在圆线外右下侧拖拽鼠标画出雨滴，调整雨滴的位置和方向，整体进行微调完成最终设计。

⑪ 另存为 JPG 格式，命名为"我淘店标"，登录店铺账号上传店标。

评价方案

实训完成情况评价表

评价项目	良　　好	一　　般	差
整体结构			
形状美感			
字体位置			
形状位置			

任务扩展

参照图 2.11 设计制作一个生活用品网店的店标。

图 2.11 "奇趣"店标

制 作 店 招

技能目标

- 了解并掌握店招的作用、意义及重要性
- 了解店招的设计理念及制作方法
- 掌握设计、制作店招的基本步骤

任务描述

店招即店铺招牌，可以出现在店铺每个页面的店招具有很好的广告效应，能起到传达经营理念，突出经营风格和店铺形象的作用。在设计时要注意呈现出品牌和经营商品的品类信息，让买家通过店招就能清楚地了解店铺的经营范围、特点等信息，争取最大化的广告效应。店招示例如图 3.1 所示。

图 3.1　店招示例

如图 3.1 所示的"奇趣百货馆"店招是针对生活用品网店设计的，颜色选用了淡雅温馨的粉色，布局采用了左、中、右三等分设计，分别是店标、店名、保障，主营品类也有体现。

任务准备

设计如图 3.1 所示的店招要用到 Photoshop 软件中的"钢笔工具"做花瓣的形状，"添加图层蒙版"和"渐变工具"做倒影效果。

实现步骤

① 打开 Photoshop 软件，新建一个 950×120px 的文档，命名为"奇趣店招"。"新建"对话框如图 3.2 所示。

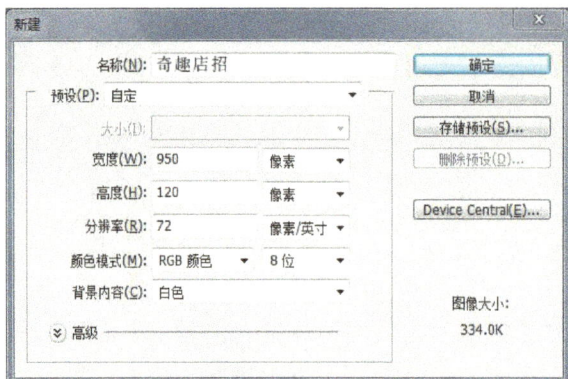

图 3.2 "新建"对话框

② 单击"选取"工具箱中的"钢笔工具"按钮，在选项栏单击"路径"按钮，在画面上拖拽出一个花瓣形的路径，如图 3.3 所示。

③ 新建"图层 1"，按组合键【Ctrl+Enter】将路径转变为选区，前景色设置为粉红色（R：255，G：0，B：60），按组合键【Alt+Delete】填充选区，不透明度设置为 50%，如图 3.4 所示。按组合键【Ctrl+D】取消选区。

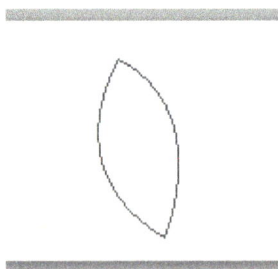

图 3.3 "花瓣"路径

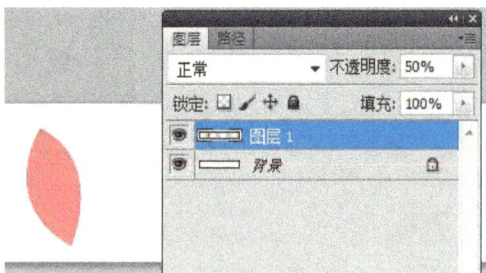

图 3.4 填充选区

④ 按组合键【Ctrl+J】复制"图层 1"，得到"图层 1 副本"，按组合键【Ctrl+T】旋转图层 1 副本，并调整大小，如图 3.5 所示。

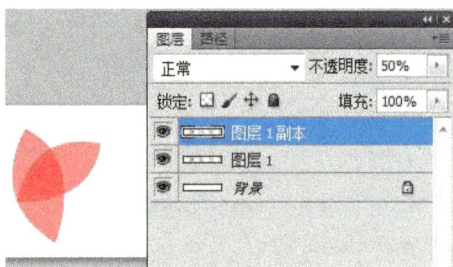

图 3.5 复制"花瓣"

⑤ 按【Ctrl】键同时选中"图层 1"和"图层 1 副本"，按组合键【Ctrl+T】调整两层的大小和位置，将其放置于店招左上角。在图标右侧输入文字"奇趣"，设置字体为"幼圆"，大小为"40 点"，颜色为黑色，如图 3.6 所示。

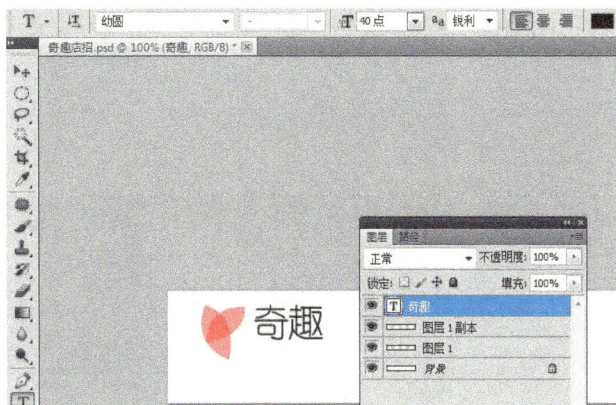

图 3.6　输入文字

⑥　在文字"奇趣"的下方输入字母"qiqu.com"，设置字体为"黑体"，大小为"20点"，颜色为黑色，如图 3.7 所示。

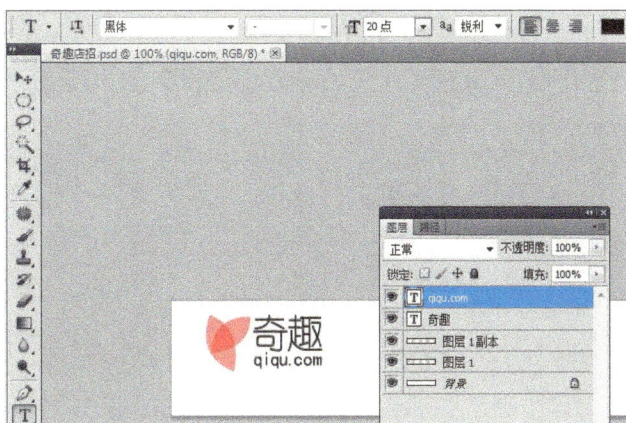

图 3.7　输入字母

⑦　在店标的下方输入欢迎词"Welcome to qiqu"，设置字体为"宋体"，大小为"20点"，颜色为黑色，如图 3.8 所示。

图 3.8　输入欢迎词

⑧ 新建"图层 2",并放置于欢迎词的下方,单击"选取"工具箱中的"矩形选区工具"按钮,在欢迎词的底部拖拽出一个矩形选区,前景色设置为粉红色(R:255,G:0,B:60),按组合键【Alt+Delete】填充前景色,不透明度改为30%,调整所有图层位置,如图3.9所示。

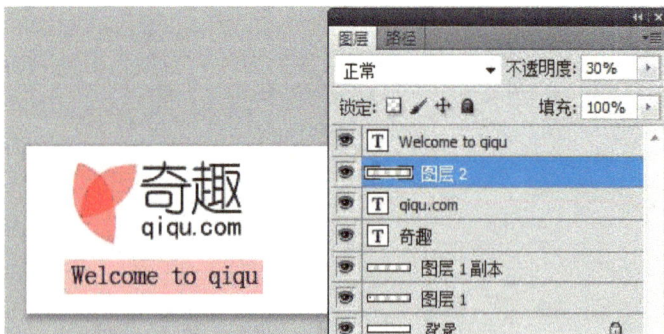

图 3.9 绘制色块

⑨ 输入店名"奇趣百货馆",设置字体为"黑体",大小为"40 点",颜色为黑色,在字符面板里设置"仿粗体",将其放置于店招中间部位,如图3.10所示。

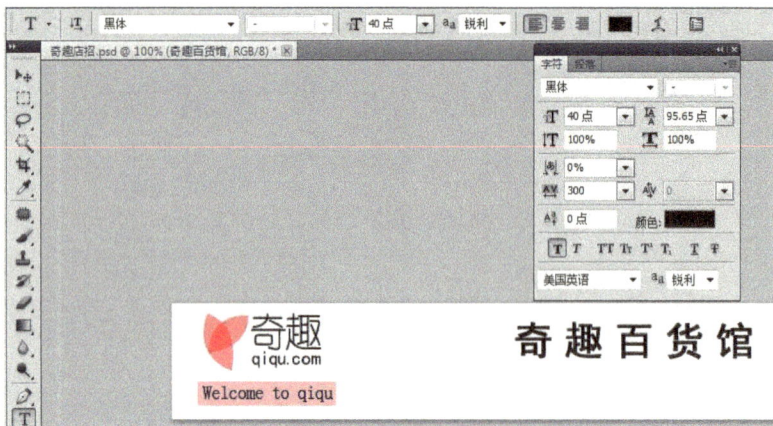

图 3.10 输入店名

⑩ 按组合键【Ctrl+J】复制"店名图层",得到"店名副本层",按组合键【Ctrl+T】,鼠标右键单击,在快捷菜单中选择"垂直翻转",按【Enter】键确定,将副本层垂直移动到店名层下部,如图3.11所示。

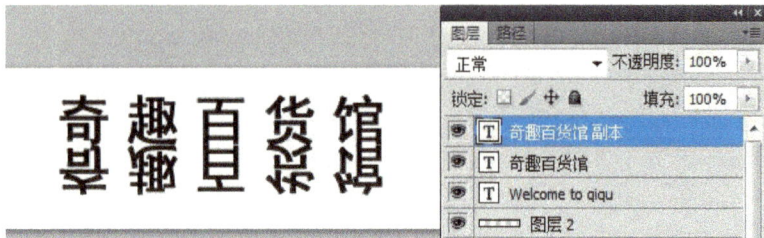

图 3.11 垂直翻转

⑪ 在"店名副本层"上单击图层面板底部第三个按钮——"添加图层蒙版",单击"选取"工具箱中的"渐变工具"按钮,在属性栏中设置渐变色为"黑到白"。单击"线性渐变"按钮,按住【Shift】键自上而下拖拽鼠标,可多次拖拽并结合不透明度调整,直到最佳倒影效果,如图 3.12 所示。

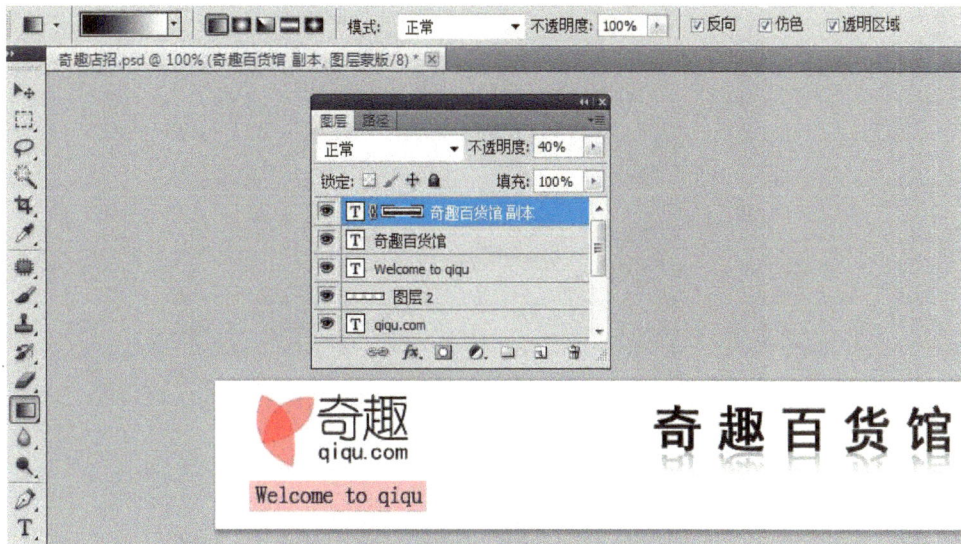

图 3.12 制作倒影

⑫ 在店名下方输入店铺主营文字,设置字体为"幼圆",大小为"12 点",颜色为黑色。将三个文字层设置中对齐,如图 3.13 所示。

图 3.13 输入主营文字

⑬ 单击"选取"工具箱中的"圆角矩形工具"按钮,设置半径为"30px",绘制一个蓝色圆角矩形,重复以上方法再绘制出两个黄色和一个红色圆角矩形,颜色可依据个人喜好而定,不透明度均调整为40%,如图 3.14 所示。

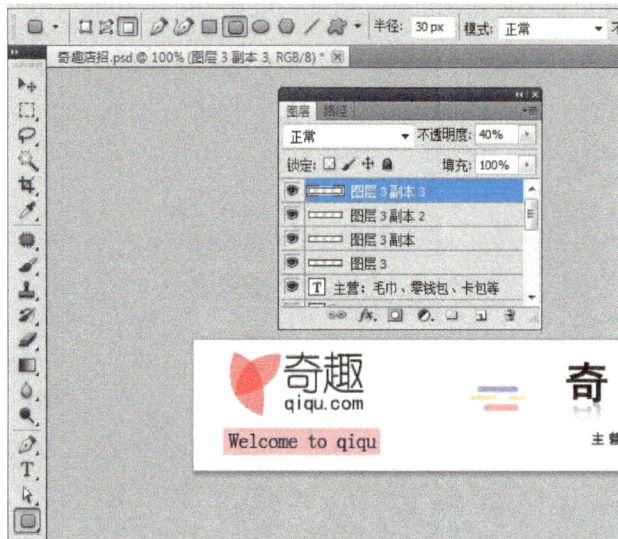

图 3.14　绘制圆角矩形组合

⑭ 按【Ctrl】键同时选中四个圆角矩形层，按组合键【Ctrl+E】合并四个圆角矩形层，按组合键【Ctrl+T】旋转并放置在店名左侧，按组合键【Alt+Shift】复制平移至店名右侧，如图 3.15 所示。

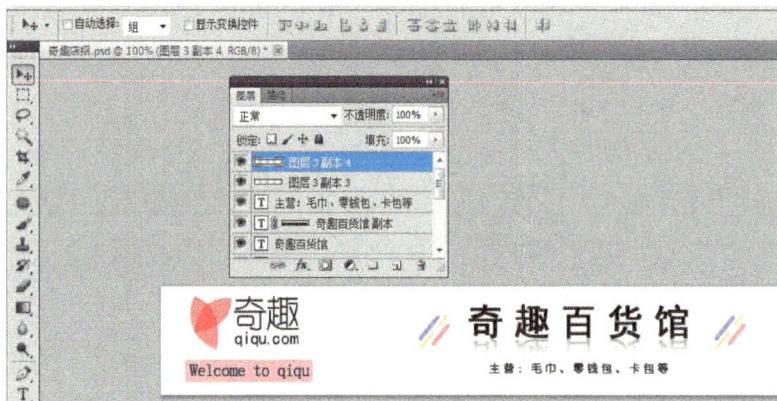

图 3.15　复制圆角组合

⑮ 在店招右侧分别绘制两个圆形，并分别填充红色和紫色。单击"选取"工具箱中的"自定形状工具"按钮，在两个圆形中分别绘制"红心形卡"形状和"皇冠"形状，并填充白色，如图 3.16 所示。

图 3.16　保障图标

⑯ 在两个图标的右侧分别输入文字"诚信店铺"和"皇冠店铺",设置字体为"幼圆",字号为"12 点",颜色为黑色,整体调整各图层位置,最终完成效果图。

⑰ 另存为 JPG 格式,命名为"奇趣店招",登录店铺账号上传店招图片。

评价方案

实训完成情况评价表

评价项目	良　　好	一　　般	差
整体结构			
形状美感			
字体位置			
形状位置			

任务扩展

参照图 3.17 制作一个生活用品网店的店招。

图 3.17 "惠品佳"店招

制作店铺海报

技能目标

- 了解店铺海报的作用、意义及重要性
- 了解店铺海报的设计理念及制作方法
- 掌握设计、制作店铺海报的基本步骤

任务描述

促销海报的作用是重点展示店铺的品牌形象和促销信息，就像超市的促销广告一样，画面新颖并有促销信息的广告宣传图能够吸引买家。价格低固然能引起买家的注意，但是大多买家关心的是商品是否物有所值，当然，物超所值会让更多的买家动心。促销海报示例如图 4.1 所示。

图 4.1　促销海报示例

如图 4.1 所示的"我淘日用店"促销海报是针对生活日用品类商品设计的。本张促销海报以单件商品——"眼罩"为促销对象，从价格和质量方面对"眼罩"进行推广，左侧是商品的整体图，底部有两张商品的细节图，右侧突出了商品的价格，海报中的信息多而不乱，从多个方面突出了商品的特色。

任务准备

设计如图 4.1 所示的促销海报要用到三张商品的素材图，一张整体图和两张细节图。

这些素材都可以在本书提供的素材包中找到。

实现步骤

① 打开 Photoshop 软件，新建一个 950×475px 的文档，命名为"海报"。单击"选取"工具箱底部的"设置前景色"按钮，设置前景色为灰绿色（R：217，G：230，B：219），按组合键【Alt+Delete】填充背景色，如图 4.2 所示。

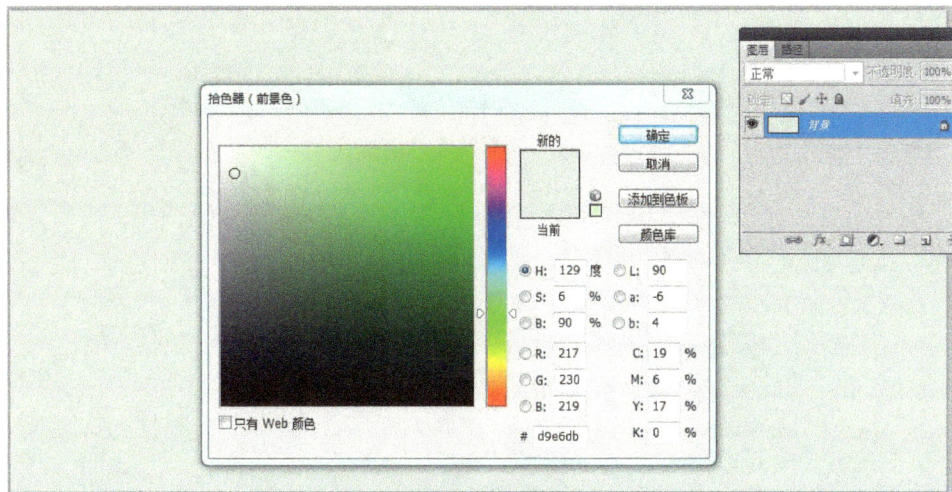

图 4.2 填充背景色

② 打开图片文件"素材 1"，单击"选取"工具箱中的"魔棒工具"按钮，在属性栏中单击"添加到选区"按钮，勾选"连续"选项，在图片的空白处多次单击，直至除"眼罩"以外的画面全部被选区包围，按组合键【Ctrl+Shift+I】反选得到"眼罩"的选区，如图 4.3 所示。

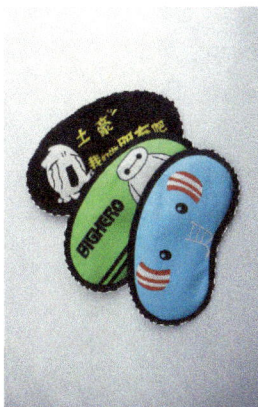

图 4.3 用"魔棒工具"抠图

③ 单击"选取"工具箱中的"移动工具"按钮，拖拽"眼罩"选区放置在"海报"文档的左侧，按组合键【Ctrl+T】，按住【Shift】键拖拽自由变换框的任意一角进行等比例缩小，调整到合适大小后按【Enter】键确定，效果如图 4.4 所示。

图 4.4 调整大小及位置

④ 在画面右侧空白处输入英文"colorful"，设置字体为"汉仪中宋简"，大小为"70点"，颜色为黑色，效果如图 4.5 所示。

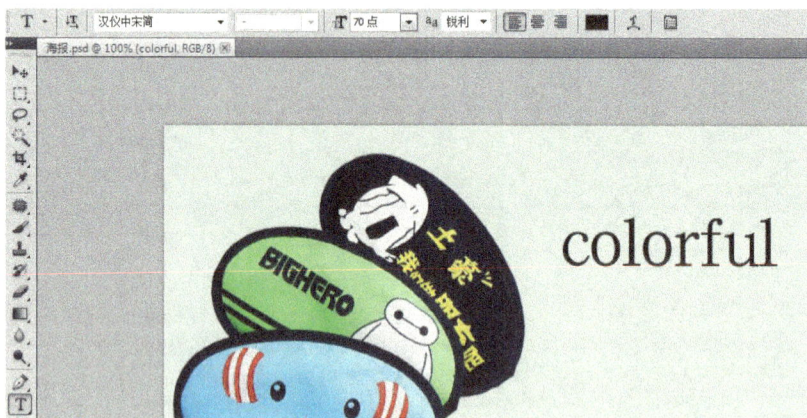

图 4.5 输入英文

⑤ 单击"选取"工具箱中的"横排文字工具"按钮，选取第一个字母"C"，将其改为大写字母，大小改为"100 点"，如图 4.6 所示。

图 4.6 首字母改大写

⑥ 在英文的右侧输入文字"我淘日用店",设置字体为"黑体",大小为"40点",颜色为灰色（RGB 均为 130），如图 4.7 所示。

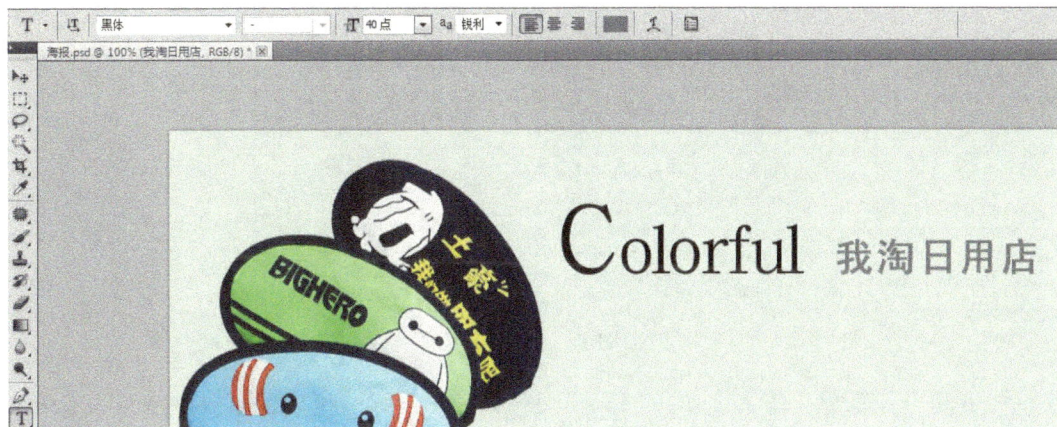

图 4.7 输入文字

⑦ 改变五个文字中三个字的颜色，单独选中"我"字，颜色改为粉色（R：255，G：90，B：150）；单独选中"日"字，颜色改为蓝色（R：70，G：130，B：255）；单独选中"店"字，颜色改为橙色（R：255，G：170，B：55），如图 4.8 所示。

图 4.8 改变文字颜色

⑧ 新建"图层 3"，单击"选取"工具箱中的"椭圆选框工具"按钮，在英文和汉字之间拖拽出一个正圆选区，并填充黑色，如图 4.9 所示。

图 4.9 绘制黑点

⑨ 新建"图层 4"，单击"选取"工具箱中的"矩形选框工具"按钮，在文字的中下部拖拽出一个长方形，并填充黑色，如图 4.10 所示。

图 4.10　绘制黑色矩形

⑩ 在黑色矩形框中输入文字"创意卡通睡眠眼罩 新款三色"，设置字体为"黑体"，大小为"27 点"，颜色为白色，如图 4.11 所示。

图 4.11　输入文字

⑪ 改变文字中的三个字的颜色，以突出商品的特色和规格。单独选中"创意"二字，颜色改为橙色（R：255，G：170，B：55），单独选中"三"字，颜色改为粉色（R：255，G：90，B：150），如图 4.12 所示。

图 4.12　改变文字颜色

⑫ 在黑色矩形框下方输入文字"健康品质 源自中国"，设置字体为"宋体"，大小为"15 点"，颜色为"黑色"，如图 4.13 所示。

图 4.13　输入文字

⑬ 打开图片文件"素材 2"，单击"选取"工具箱中的"矩形选框工具"按钮，按住【Shift】键，拖拽出一个正方形选区，如图 4.14 所示。

图 4.14　正方形选区

⑭ 单击"选取"工具箱中的"移动工具"按钮，拖拽正方形选区至"海报"文档中。按组合键【Ctrl+T】，单击属性栏中"保持长宽比"按钮，并在"设置垂直缩放比例"框中输入"150px"，将图片放置在画面中下部，按【Enter】键确认，如图 4.15 所示。

图 4.15　调整图片

⑮ 打开图片"素材3",重复步骤⑬、⑭操作。图片"素材3"的效果如图 4.16 所示。

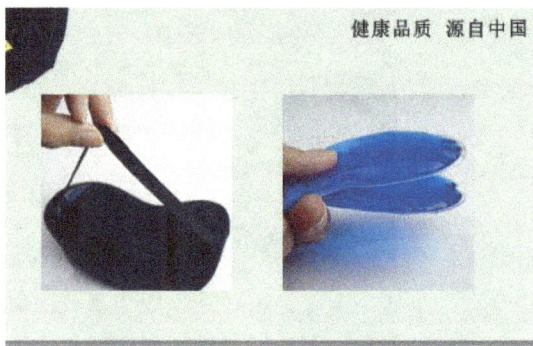

图 4.16　排版图片

⑯ 分别双击"图层5"和"图层6",在弹出的"图层样式"对话框中,分别对两张缩小的素材图设置"图层样式"中的"描边"效果,设置大小为"2",颜色为粉色(R:255,G:90,B:150),如图 4.17 所示。

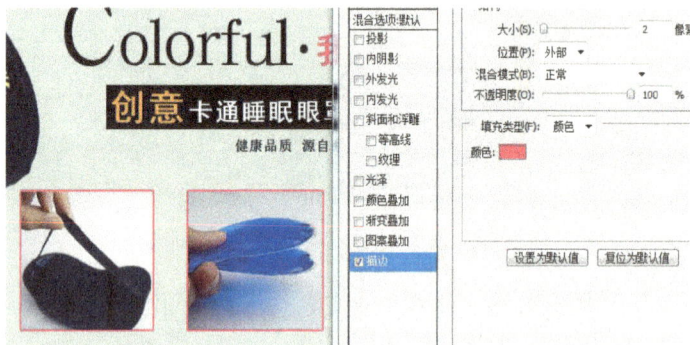

图 4.17　"描边"效果

⑰ 单击"选取"工具箱中的"自定形状工具"按钮,单击"形状"图标后再单击菜单中右上角的三角图标,在菜单里选择"全部",确定后可显示更多形状选项。单击属性栏中的"路径"按钮,选择"封印"形状,在画面右下角拖拽出形状路径,如图 4.18 所示。

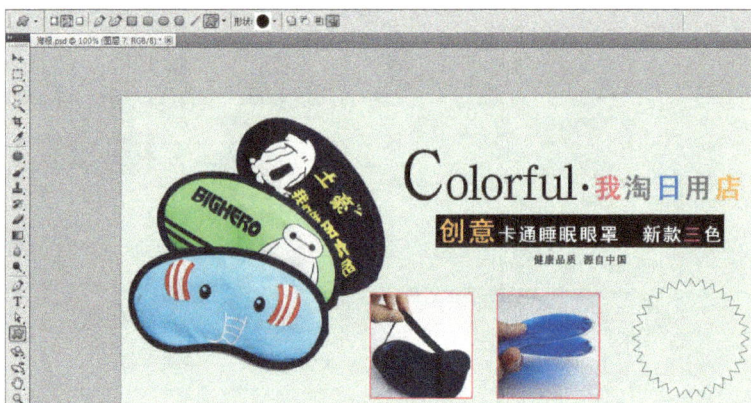

图 4.18　形状路径

⑱ 新建"图层 7"，按组合键【Ctrl+Enter】将路径转变为选区，单击"选取"工具箱中的"渐变工具"按钮，在属性栏里设置颜色为深粉色到浅粉色，单击"径向渐变"按钮，在形状选区中自中心向边缘拖拽鼠标绘制渐变色，按组合键【Ctrl+D】取消选区，如图 4.19 所示。

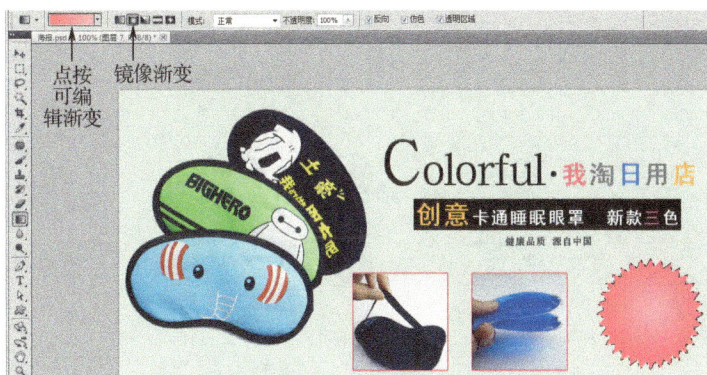

图 4.19　填充渐变色

⑲ 输入文字"5.9 元"，设置字体为"黑体"，颜色为黑色，在字符面板里单击"仿粗体"和"仿斜体"按钮，设置数字"5.9"大小为"80 点"，文字"元"大小为"45 点"，如图 4.20 所示。

图 4.20　输入文字

⑳ 输入文字"特价秒杀"，设置字体为"黑体"，大小为"25 点"，颜色为黑色，在字符面板里单击"仿粗体"按钮，整体调整各图层位置和大小最终完成效果图。

㉑ 另存为 JPG 格式，命名为"海报"，登录店铺账号上传店铺海报。

评价方案

实训完成情况评价表

评价项目	良　　好	一　　般	差
整体结构			
形状美感			
字体位置			
形状位置			

任务扩展

参照图 4.21 制作一个网店的促销海报。

图 4.21　促销海报

制作商品详情

技能目标

- 掌握网店商品详情展示顺序
- 熟练掌握商品展示图的调色技巧
- 掌握细节放大效果的制作过程
- 熟练运用文字对商品图进行准确描述

任务描述

　　商品展示图是用图片的形式从视觉传达角度给买家描述宝贝。网购和实体店购物的最大不同就是不能实际接触商品，商品展示图就成为了买家是否下单的重要依据。商品描述要简单明了地突出特点和优势，而图文结合的形式传达会更准确。如图 5.1 所示的书签商品展示图是针对磁性书签的外观和功能进行的描述，分别以整体效果图和细节放大图进行了展示。

图 5.1　书签商品展示图

任务准备

从整体到细节的商品展示照片原图若干，针对商品图展示角度所进行的文字描述文案若干，店铺水印一枚。

实现步骤

① 打开 Photoshop 软件，新建一个 750×2795px 的文档，命名为"商品整体和细节展示"。新建"图层 1"，单击"选取"工具箱中的"圆角矩形工具"按钮，在属性中单击"填充像素"按钮，设置半径为"10px"，前景色为深褐色（R：40，G：40，B：0），在画面中拖拽出一个圆角矩形，如图 5.2 所示。

图 5.2　绘制圆角矩形

② 单击"选取"工具箱中的"自定形状工具"按钮，设置形状为"圆形边框"，前景色为"白色"，在画面中拖拽出一个白色圆环，如图 5.3 所示。

图 5.3　绘制白色圆环

③ 单击"选取"工具箱中的"椭圆选框工具"按钮，前景色设置为白色，按住【Shift】键，在画面中拖拽出一个白色正圆形，如图 5.4 所示。

图 5.4 绘制正圆形

④ 单击"选取"工具箱中的"矩形选框工具"按钮，前景色设置为深褐色（R：40，G：40，B：0），在圆角矩形的右上角拖拽出一个矩形，相机的形状就绘制完成了，如图 5.5 所示。

图 5.5 绘制相机样图

⑤ 单击"选取"工具箱中的"横排文字工具"按钮，输入文字"100%实物拍摄"，设置字体为"黑体"，大小为"25 点"，颜色为粉色（R：225，G：120，B：120），如图 5.6 所示。

图 5.6 输入文字

⑥ 单击"选取"工具箱中的"横排文字工具"按钮，在粉色文字下方输入文字"如实

详情描述，整体展示品质"，设置字体为"宋体"，大小为"22 点"，颜色为深褐色（R：40，G：40，B：0），如图 5.7 所示。

图 5.7　输入文字

⑦ 新建"图层 2"，单击"选取"工具箱中的"矩形选框工具"按钮，在两行文字外边缘拖拽出一个矩形选区，按组合键【Ale+E/S】弹出描边对话框，设置宽度为"2px"，颜色为深褐色（R：40，G：40，B：0），单击确定按钮，按组合键【Ctrl+D】取消选区，如图 5.8 所示。

图 5.8　描边矩形框

⑧ 单击"选取"工具箱中的"橡皮擦工具"按钮，设置硬度为 100%的实圈，把多余部分擦拭干净，如图 5.9 所示。

图 5.9　框线效果图

⑨ 打开图片文件"素材 1"，单击"选取"工具箱中的"矩形选框工具"按钮，在属性栏中设置样式为"固定比例"，宽度为"1.5"，高度为"1"，拖拽鼠标框选完整商品图，如图 5.10 所示。

图 5.10　框选"素材 1"中的商品

⑩ 单击"选取"工具箱中的"移动工具"按钮，把矩形选区部分拖拽到"商品整体和细节展示"文档中，按组合键【Ctrl+T】，在属性栏中单击"保持长宽比"按钮，H 设置为"450px"，把"素材 1"移动至画面合适位置，如图 5.11 所示。

图 5.11　等比缩放选区

⑪ 按【Enter】键确定，如图 5.12 所示。

图 5.12 "变形"后的效果

⑫ 原图效果亮度不足，背景较灰暗，分别操作"色阶"和"曲线"两个工具对画面亮度和背景进行调节。按组合键【Ctrl+L】打开"色阶"对话框，拖拽"输入色阶"下方右侧的滑块至如图 5.13 所示的位置。

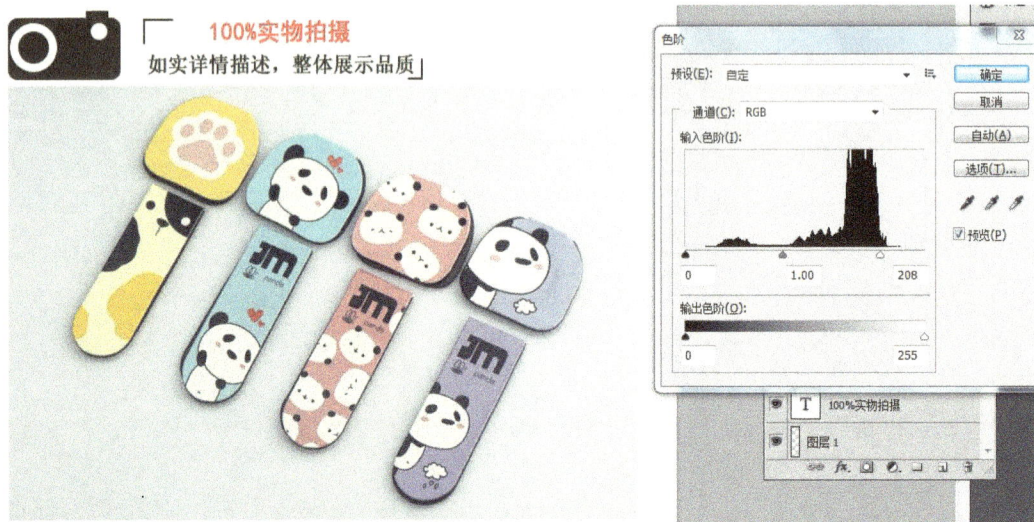

图 5.13 设置"色阶"

⑬ 按组合键【Ctrl+M】打开"曲线"对话框，单击下方的第三个吸管按钮——"白场吸管"按钮，在图片左上部背景为灰色的区域单击，可多次单击，直至最佳画面效果，即将背景色改为白色，完成后单击"确定"按钮，如图 5.14 所示。

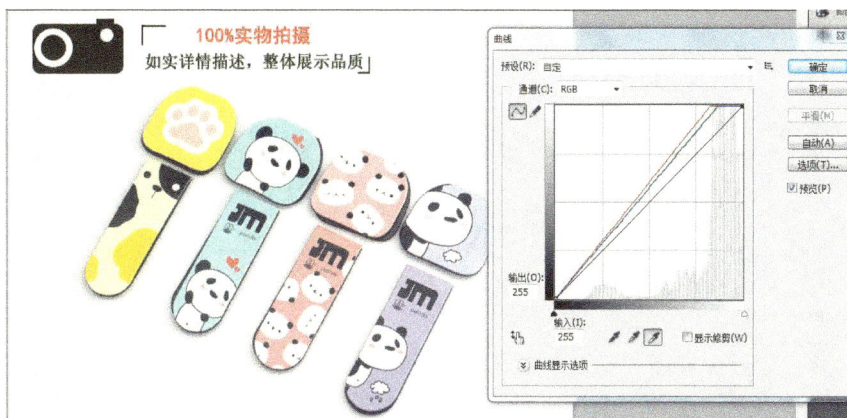

图 5.14 用"曲线"调亮图片

⑭ 把画面中失去的部分色彩还原，按组合键【Ctrl+M】打开"曲线"对话框，拖拽曲线至如图 5.15 所示的位置。

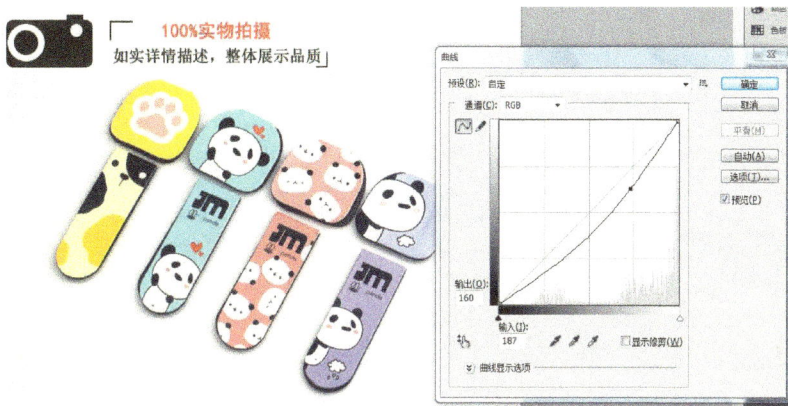

图 5.15 改变曲线位置

⑮ 双击"图层 3"弹出"图层样式"对话框，对素材图设置"图层样式"中的"描边"效果，大小为"1"像素，颜色为灰色（RGB 均为 200），如图 5.16 所示。

图 5.16 设置"描边"图层样式

33

⑯ 单击"选取"工具箱中的"横排文字工具"按钮，输入文字"外形设计"，设置字体为"黑体"，大小为"25 点"，颜色为灰色（RGB 均为 90），如图 5.17 所示。

图 5.17　输入文字

⑰ 单击"选取"工具箱中的"自定形状工具"按钮，选择属性栏中的"路径"选项，选择"选项卡按钮"形状，在文字外围拖拽出选中形状的路径，如图 5.18 所示。

图 5.18　拖拽路径

⑱ 新建"图层 4"，按组合键【Ctrl+Enter】将路径转变为选区，按组合键【Alt+E/S】打开"描边"对话框，设置宽度为"1px"，颜色为灰色（RGB 均为 100），如图 5.19 所示。

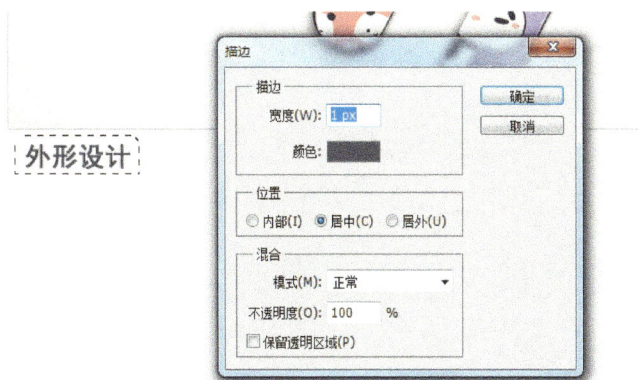

图 5.19　设置"描边"

⑲ 单击"确定"按钮，按组合键【Ctrl+D】取消选区，效果如图 5.20 所示。

图 5.20　外边框效果

⑳ 单击"选取"工具箱中的"横排文字工具"按钮，输入文字"图案可爱又萌趣，点缀书籍，让您在读书时有好心情！"设置字体为"宋体"，大小为"20 点"，颜色为灰色（RGB均为 90），效果如图 5.21 所示。

图 5.21　输入文字

㉑ 打开图片文件"素材 2"，单击"选取"工具箱中的"矩形选框工具"按钮，在属性栏中设置样式为"固定比例"，宽度为"1.5"，高度为"1"，拖拽鼠标框选完整的商品图，如图 5.22 所示。

图 5.22　框选"素材 2"中的商品

㉒ 单击"选取"工具箱中的"移动工具"按钮，把矩形选区部分拖拽到"商品整体和细节展示"文档中，按组合键【Ctrl+T】，在属性栏中单击"保持长宽比"按钮，H 设置为"450px"，把"素材 2"移动至画面合适位置，如图 5.23 所示。

图 5.23　等比缩放选区

㉓ 按【Enter】键确定，效果如图 5.24 所示。

图 5.24　"变形"后的效果

㉔　按组合键【Ctrl+L】打开"色阶"对话框，拖拽"输入色阶"下方右侧滑块至图 5.25 位置所示。

图 5.25　设置"色阶"

㉕　按组合键【Ctrl+M】打开"曲线"对话框，单击"白场吸管"按钮，在图片左上部背景为灰色的区域单击，可多次单击，直至最佳画面效果，效果如图 5.26 所示。

图 5.26　用"曲线"调亮图片

㉖ 把画面中失去的部分色彩还原，按组合键【Ctrl+M】，继续打开"曲线"对话框，拖拽曲线至如图 5.27 所示位置。

图 5.27 改变曲线位置

㉗ 双击"图层 5"打开"图层样式"对话框，对素材图设置"图层样式"中的"描边"效果，大小为"1"像素，颜色为灰色（RGB 均为 200），如图 5.28 所示。

图 5.28 设置"描边"图层样式

㉘ 按【Ctrl】键同时选中"外形设计""图层 4""图案可爱……"图层，拖拽到面板底部的"创建新图层"按钮，三个图层的副本就自动创建了，如图 5.29 所示。

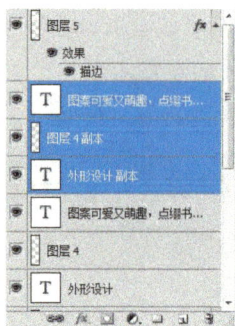

图 5.29 复制图层

㉙　单击"选取"工具箱中的"移动工具"按钮，按住【Shift】键将刚才复制的图层垂直移动到"素材 2"下方，如图 5.30 所示。

图 5.30　垂直移动文字层

㉚　双击文字层缩略图选中文字，更改文字内容，如图 5.31 所示。

图 5.31　更改内容后的文字效果

㉛　单击"选取"工具箱中的"横排文字工具"按钮，输入大写字母"DETAILS"，设置字体为"宋体"，大小为"57 点"，颜色为粉色（R：255，G：90，B：90），效果如图 5.32 所示。

图 5.32　输入大写字母

㉜ 单击"选取"工具箱中的"横排文字工具"按钮，输入文字"细节解读"，设置字体为"宋体"，大小为"40 点"，颜色为深红色（R：92，G：0，B：0）。效果如图 5.33 所示。

图 5.33　输入文字

㉝ 单击"图层"面板底部的"创建新组"按钮，新建"组 1"，单击"选取"工具箱中的"横排文字工具"按钮，输入数字"01"，设置字体为"宋体"，大小为"70 点"，颜色为深红色（R：90，G：0，B：0），如图 5.34 所示。

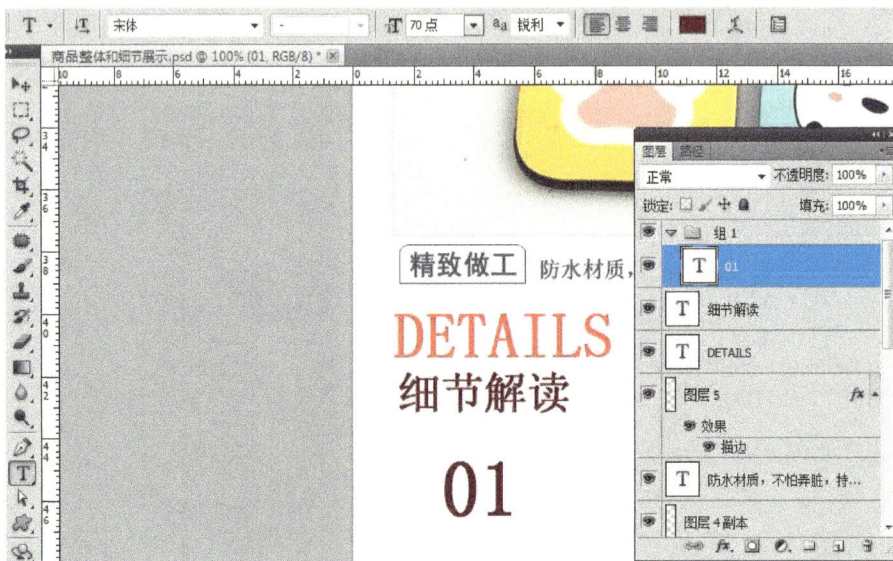

图 5.34　输入数字

㉞ 单击"选取"工具箱中的"横排文字工具"按钮，输入英文"Details"，设置字体为"黑体"，大小为"25 点"，颜色为灰色（RGB 均为 70），如图 5.35 所示。

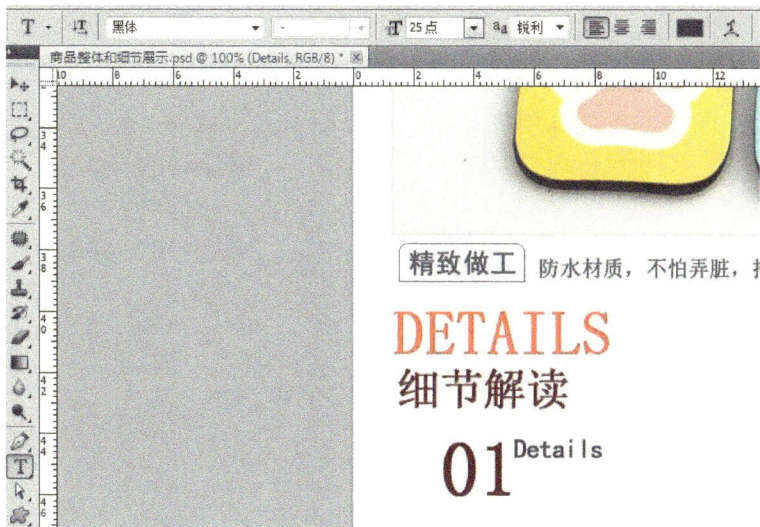

图 5.35　输入英文

㉟ 单击"选取"工具箱中的"横排文字工具"按钮，输入文字"光滑边缘"，设置字体为"黑体"，大小为"25 点"，颜色为粉色（R：255，G：90，B：90），如图 5.36 所示。

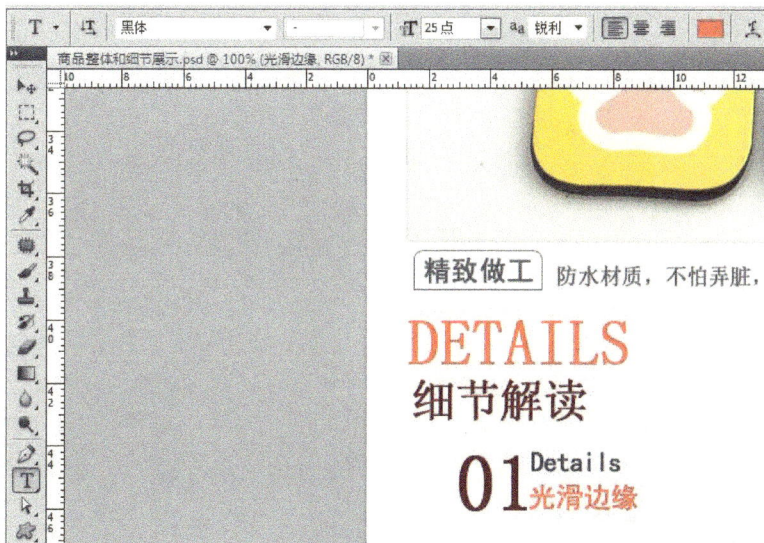

图 5.36　输入文字

㊱ 单击"选取"工具箱中的"横排文字工具"按钮，输入文字"图案……损坏"，设置字体为"宋体"，大小为"23 点"，颜色为淡红色（R：160，G：80，B：80），效果如图 5.37 所示。

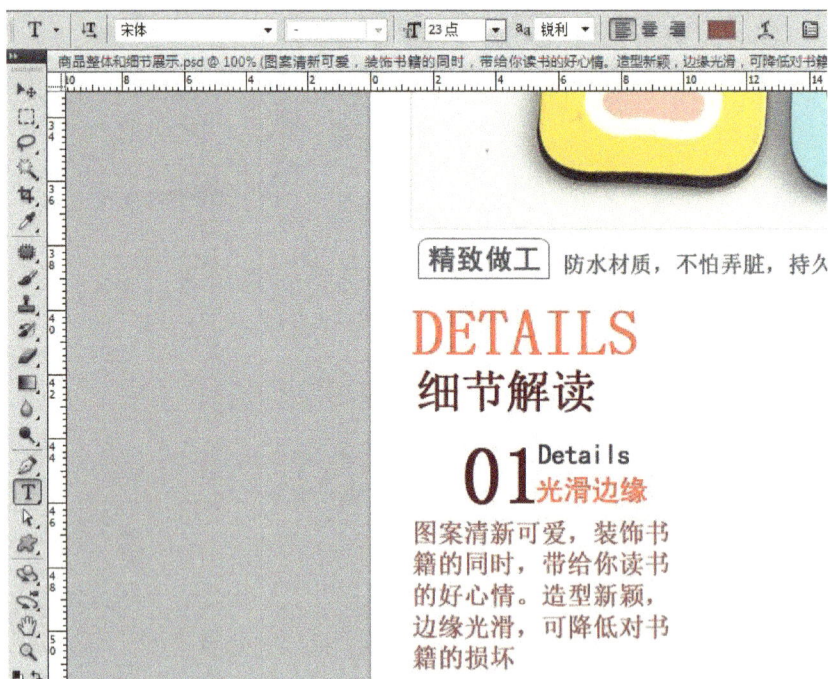

图 5.37　输入文字

㊲ 打开图片文件"素材 3"，单击"选取"工具箱中的"椭圆选框工具"按钮，按住【Shift】键，拖拽出一个正圆形选区，如图 5.38 所示。

图 5.38　正圆选区

㊳ 单击"选取"工具箱中的"移动工具"按钮，把正圆选区部分拖拽到"商品整体和细节展示"文档中，按组合键【Ctrl+T】，在属性栏中单击"保持长宽比"按钮，H 设置为"450px"，把"素材 3"中选取的图案移动至画面合适位置，如图 5.39 所示。

图 5.39　等比缩放选区

㊴ 按【Enter】键确定，效果如图 5.40 所示。

图 5.40　"变形"后的效果

㊵ 按组合键【Ctrl+L】打开"色阶"对话框，拖拽"输入色阶"下方右侧滑块至如图 5.41 所示的位置。

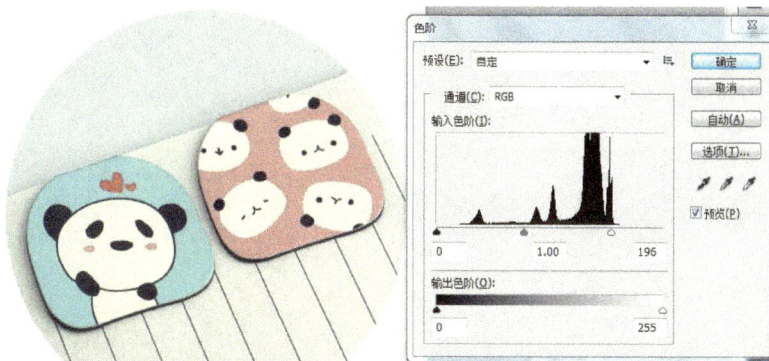

图 5.41　设置"色阶"

㊶ 按组合键【Ctrl+M】打开"曲线"对话框，单击"白场吸管"按钮，在图片左上部背景为灰色的区域单击，可多次单击，直至最佳画面效果，如图 5.42 所示。

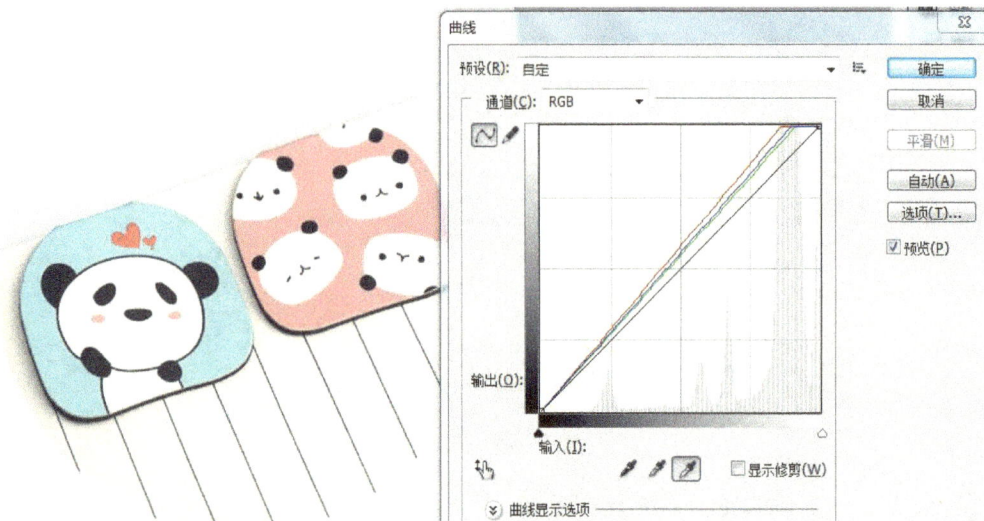

图 5.42　用"曲线"调亮图片

㊷ 把画面中失去的部分色彩还原，按组合键【Ctrl+M】继续打开"曲线"对话框，拖拽曲线至如图 5.43 所示位置。

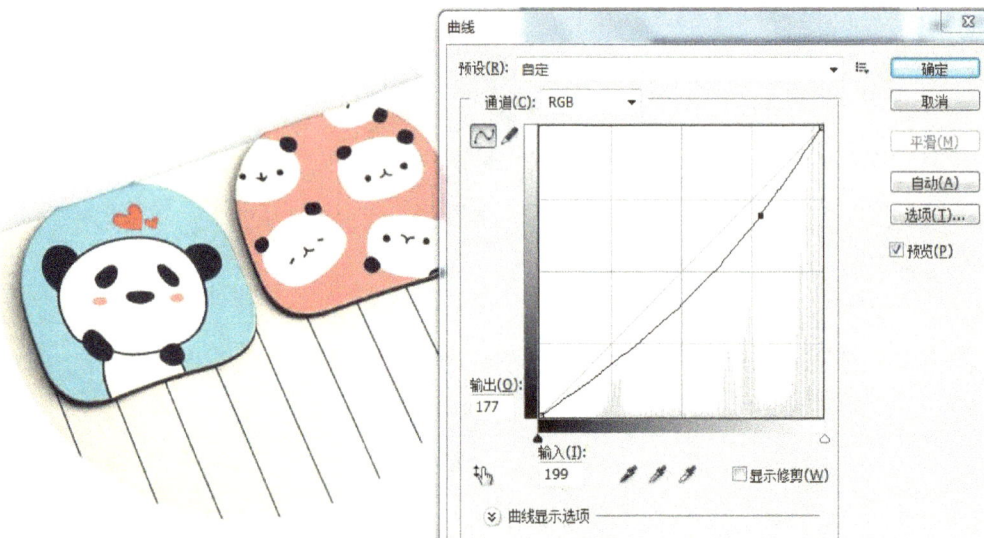

图 5.43　改变曲线位置

㊸ 双击"图层 6"打开"图层样式"对话框，对素材图设置"图层样式"中的"描边"效果，大小为"1"，颜色为灰色（RGB 均为 150），如图 5.44 所示。

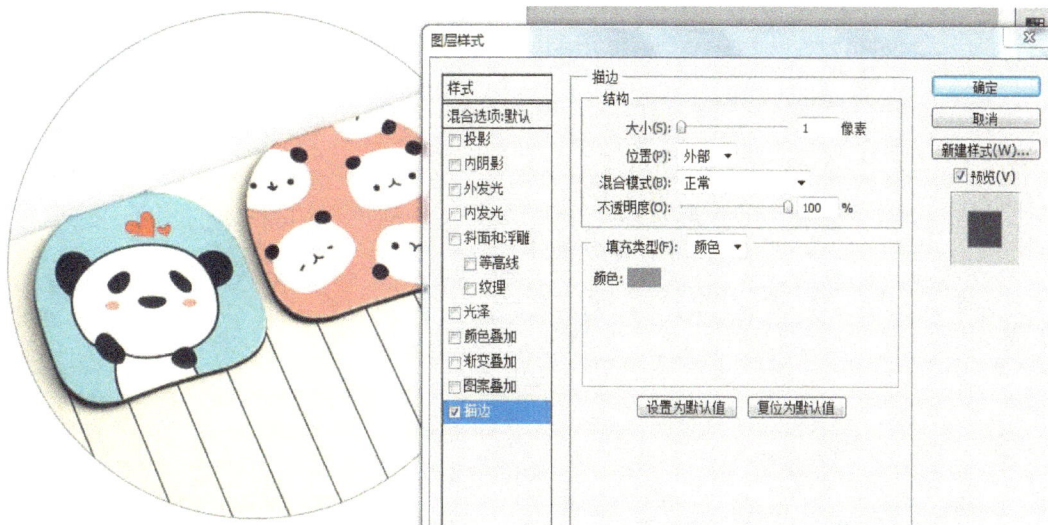

图 5.44　设置"描边"效果

㊹ 按组合键【Ctrl+J】复制"图层 6"得到"图层 6 副本",双击"图层 6 副本"打开"图层样式"对话框,对素材图设置"图层样式"中的"颜色叠加"效果,颜色为粉色(R:255,G:90,B:90),同时取消勾选"描边"选项,如图 5.45 所示。

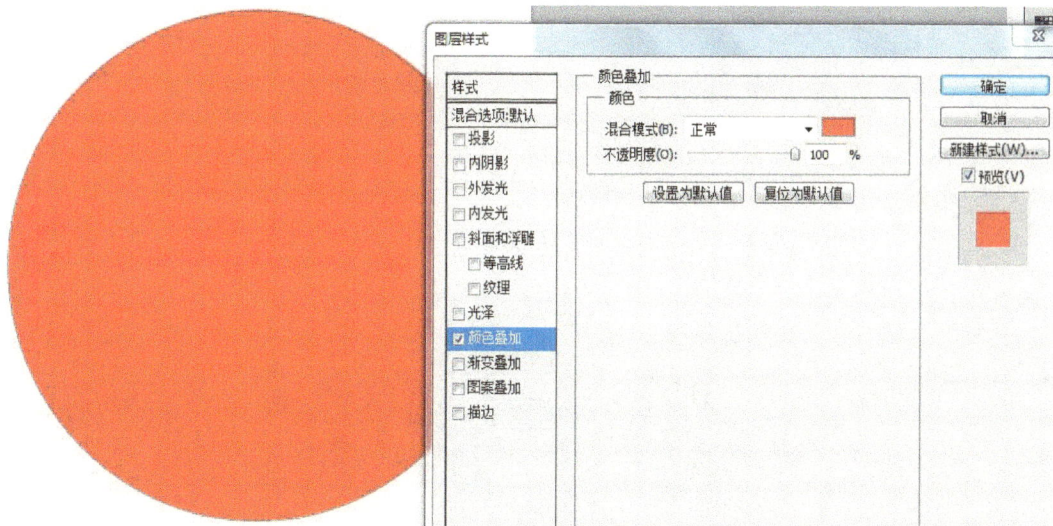

图 5.45　设置"颜色叠加"图层样式

㊺ 将"图层 6"拖拽至"图层 6 副本"的上方,单击"选取"工具箱中的"移动工具"按钮,将"图层 6 副本"向右上方向移动少许位置,效果如图 5.46 所示。

㊻ 按住【Ctrl】键同时选中"图层 6"和"图层 6 副本",按组合键【Ctrl+E】合并选中图层得到新的"图层 6",如图 5.47 所示。

㊼ 拖拽"组 1"至图层面板底部的倒数第二个"创建新图层"按钮,得到"组 1 副本",如图 5.48 所示。

图 5.46　移动图层 6 副本

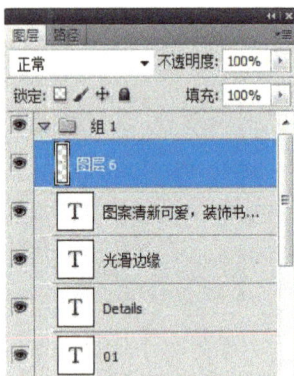

图 5.47　合并图层

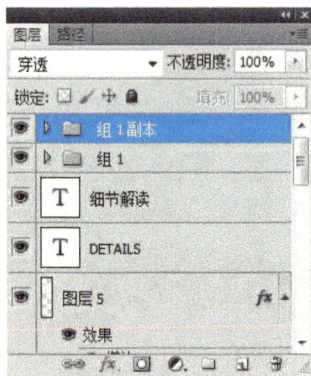

图 5.48　复制图层组"组 1"

㊽　单击"选取"工具箱中的"移动工具"按钮，按住【Shift】键，将"组 1 副本"向下垂直拖拽，并调整文字部分图层和图片部分图层的位置，如图 5.49 所示。

图 5.49　调整文字和图片位置

㊾ 双击文字层更改内容，其他设置不变，如图 5.50 所示。

图 5.50 更改文字内容

㊿ 打开图片文件"素材 4"，单击"选取"工具箱中的"椭圆选框工具"按钮，按住【Shift】键，拖拽出一个正圆形选区，如图 5.51 所示。

图 5.51 正圆选区

(51) 单击"选取"工具箱中的"移动工具"按钮，把正圆选区部分拖拽到操作文档中，按组合键【Ctrl+T】，在属性栏中单击"保持长宽比"按钮，H 设置为"450px"，把"素材 4"移动至"商品整体和细节展示"文档中，压住上一张素材图，如图 5.52 所示。

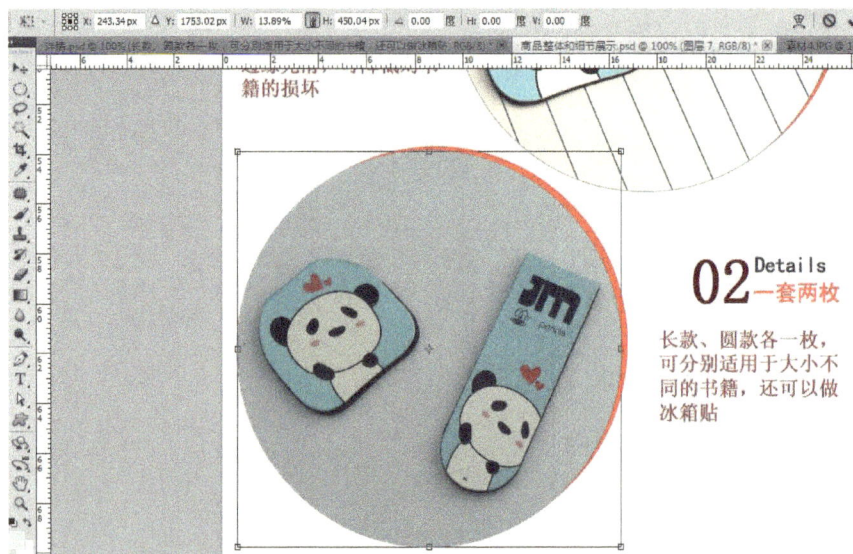

图 5.52　等比缩放选区

㊵ 按【Enter】键确定，效果如图 5.53 所示。

图 5.53　"变形"后的效果

㊶ 按组合键【Ctrl+L】打开"色阶"对话框，拖拽"输入色阶"下方右侧滑块至如图 5.54 所示位置。

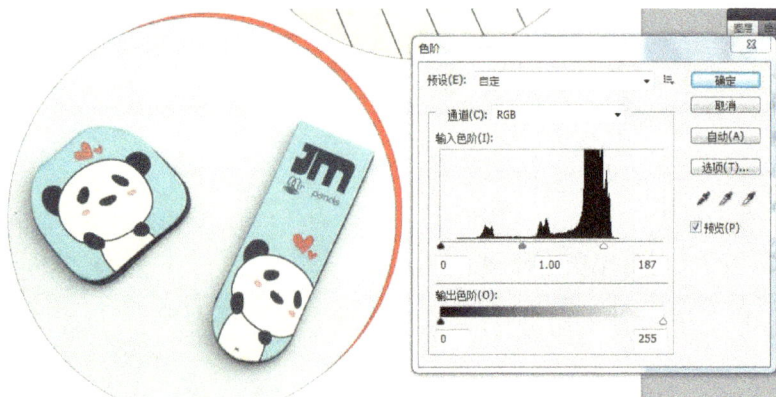

图 5.54　设置"色阶"

(54) 按组合键【Ctrl+M】打开“曲线”对话框，单击“白场吸管”按钮，在图片左上部背景为灰色的区域单击，可多次单击，直至最佳画面效果，如图 5.55 所示。

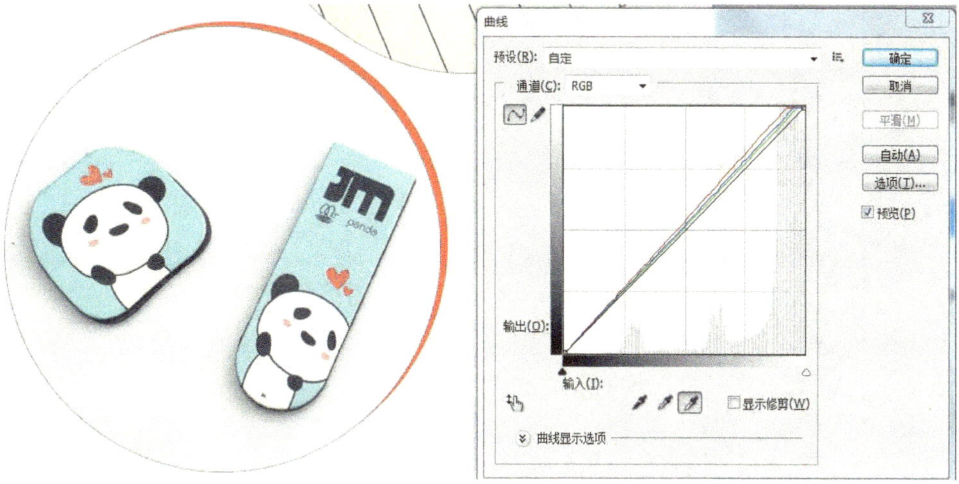

图 5.55　用“曲线”调亮图片

(55) 把画面中失去的部分色彩还原，按组合键【Ctrl+M】再次打开“曲线”对话框，拖拽曲线至如图 5.56 所示位置。

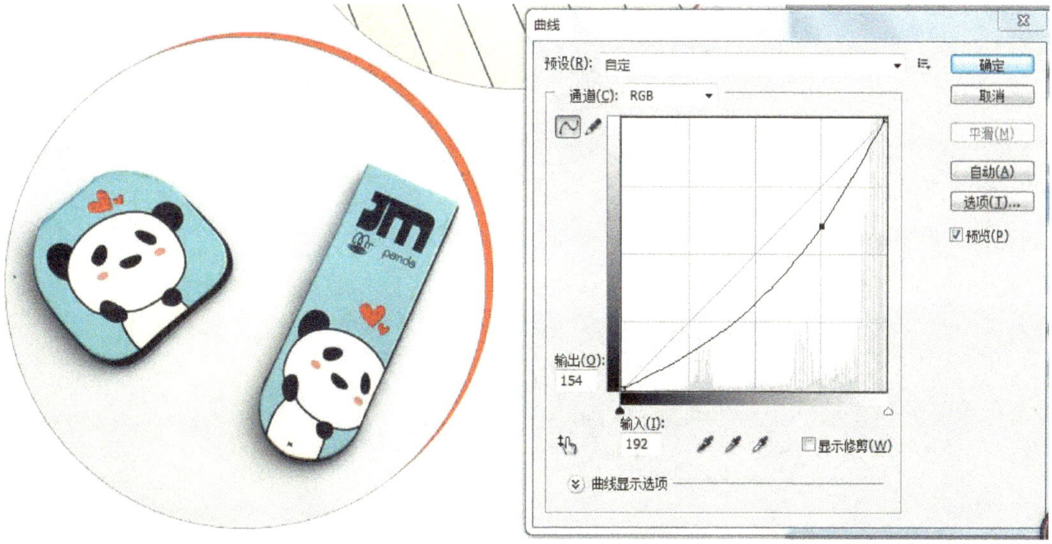

图 5.56　改变曲线位置

(56) 按住【Ctrl】键同时选中“图层 6”和“图层 7”，按组合键【Ctrl+E】合并选中图层得到新的“图层 7”，如图 5.57 所示。

(57) 拖拽图层组“组 1”至图层面板底部的倒数第二个“创建新图层”按钮，得到“组 1 副本 2”，如图 5.58 所示。

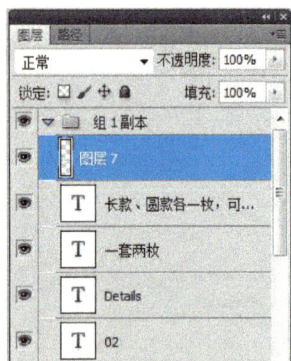

图 5.57　合并图层

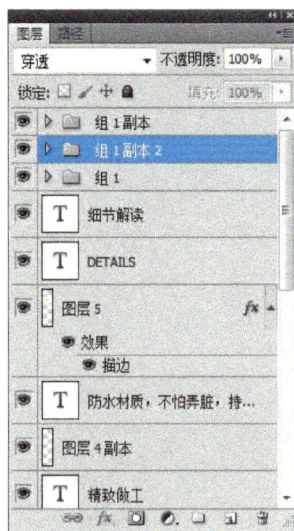

图 5.58　复制图层组"组 1"

㊸ 单击"选取"工具箱中的"移动工具"按钮，按住【Shift】键将"组 1 副本 2"向下垂直拖拽，如图 5.59 所示。

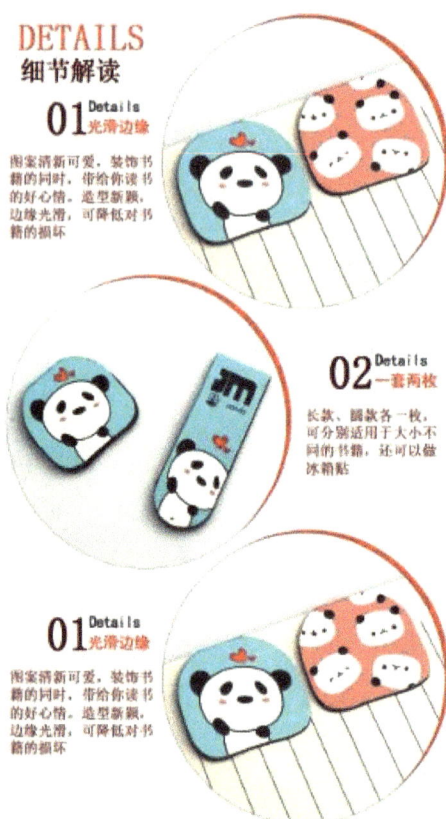

图 5.59　移动图层组"组 1 副本 2"

㊹ 双击文字层更改内容，其他设置不变，如图 5.60 所示。

图 5.60　更改文字内容

⑩ 打开图片文件"素材 5"，单击"选取"工具箱中的"椭圆选框工具"按钮，按住【Shift】键，拖拽出一个正圆形选区，如图 5.61 所示。

图 5.61　正圆选区

⑪ 单击"选取"工具箱中的"移动工具"按钮，把正圆选区部分拖拽到"商品整体和细节展示"文档中，按组合键【Ctrl+T】，在属性栏中单击"保持长宽比"按钮，H 设置为"450px"，把"素材 5"移动至压住上一张素材图位置，如图 5.62 所示。

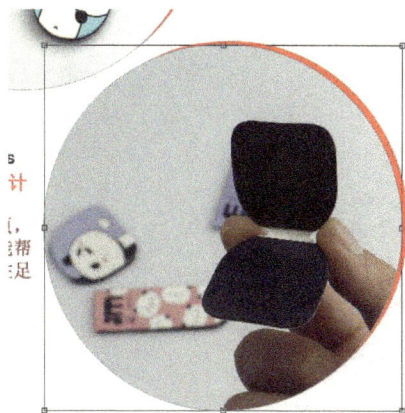

图 5.62　等比缩放选区

⑫ 按【Enter】键确定，效果如图 5.63 所示。

图 5.63 "变形"后的效果

⑥ 按组合键【Ctrl+L】打开"色阶"对话框，拖拽"输入色阶"下方右侧滑块至如图 5.64 所示位置。

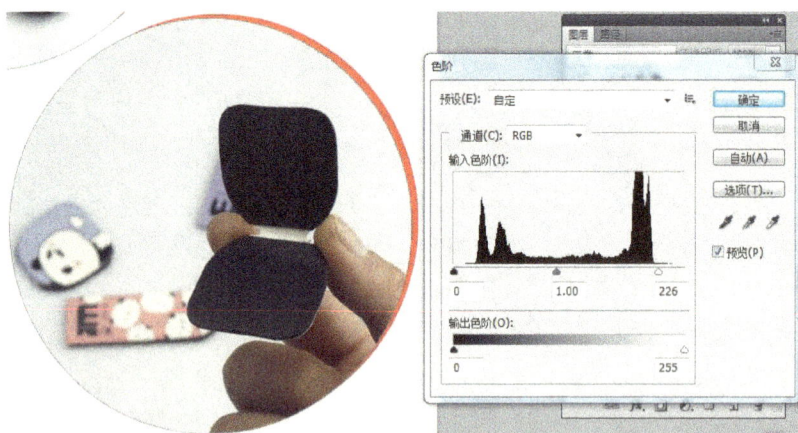

图 5.64 设置"色阶"

⑥ 按组合键【Ctrl+M】曲线，打开"曲线"对话框，单击"白场吸管"按钮，在图片左上部背景为灰色的区域单击，可多次单击，直至最佳画面效果，如图 5.65 所示。

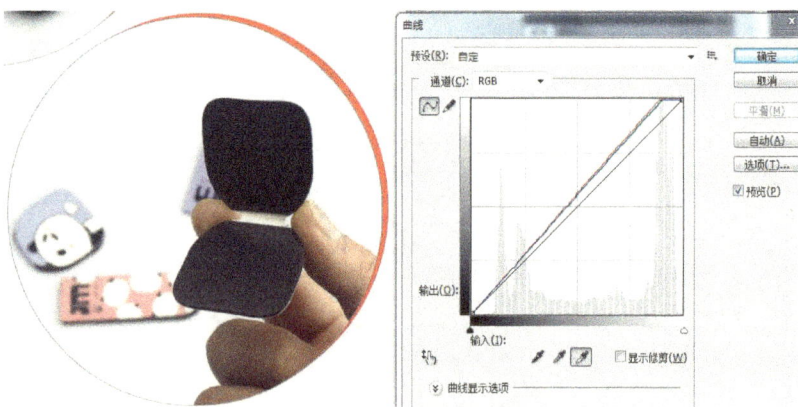

图 5.65 用"曲线"调亮图片

⑤ 把画面中失去的部分色彩还原，按组合键【Ctrl+M】再次打开"曲线"对话框，拖拽曲线至如图 5.66 所示位置。

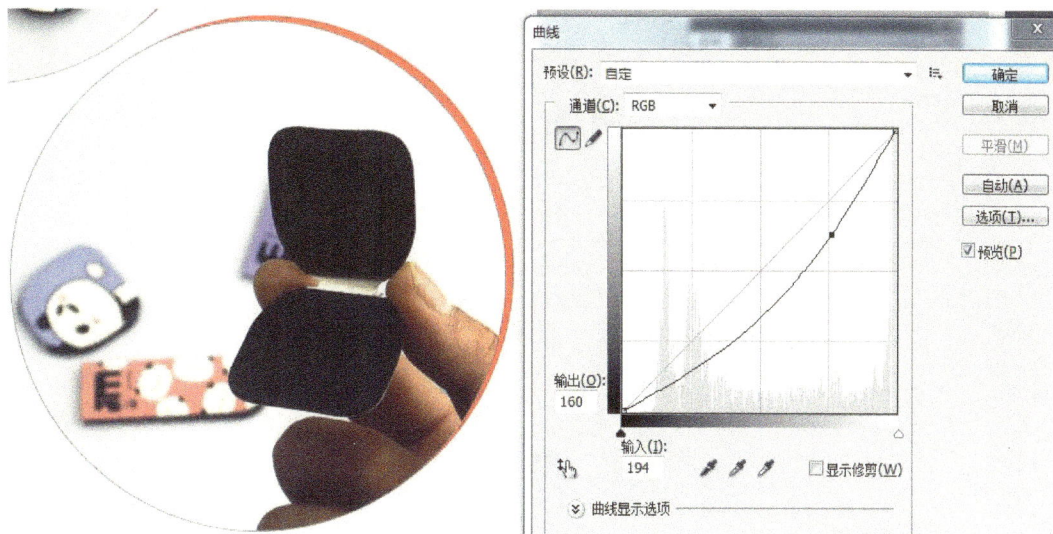

图 5.66　改变曲线位置

⑥ 按住【Ctrl】键同时选中"图层 8"和"图层 6"，按组合键【Ctrl+E】合并选中图层得到新的"图层 8"，如图 5.67 所示。

⑦ 拖拽"组 1 副本"至图层面板底部的倒数第二个"创建新图层"按钮，得到"组 1 副本 3"，如图 5.68 所示。

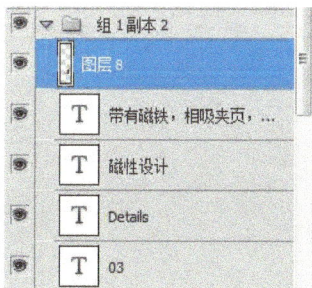

图 5.67　合并图层

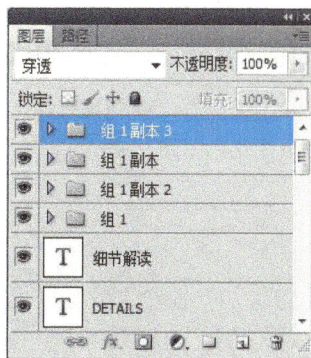

图 5.68　复制图层组"组 1 副本"

⑧ 单击"选取"工具箱中的"移动工具"按钮，按住【Shift】键将"组 1 副本 3"向下垂直拖拽，如图 5.69 所示。

图 5.69　移动图层组"组 1 副本 3"

⑥⑨ 双击文字层更改内容，其他设置不变，如图 5.70 所示。

图 5.70　更改文字内容

⑦⓪ 打开图片文件"素材 6"，单击"选取"工具箱中的"椭圆选框工具"按钮，按住【Shift】键，拖拽出一个正圆形选区，如图 5.71 所示。

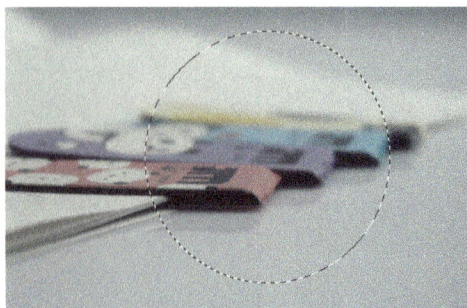

图 5.71　正圆选区

⑦　单击"选取"工具箱中的"移动工具"按钮，把正圆选区部分拖拽到"商品整体和细节展示"文档中，按组合键【Ctrl+T】，在属性栏中单击"保持长宽比"按钮，H 设置为"450px"，把"素材 6"移动至压住上一张素材图位置，如图 5.72 所示。

图 5.72　等比缩放选区

⑦　按【Enter】键确定，效果如图 5.73 所示。

图 5.73　"变形"后效果

⑦　按组合键【Ctrl+L】打开"色阶"对话框，拖拽"输入色阶"下方右侧滑块至如图 5.74 所示位置。

⑦　按组合键【Ctrl+M】打开"曲线"对话框，单击"白场吸管"按钮，在图片底部背景为灰色的区域单击，可多次单击，直至最佳画面效果，如图 5.75 所示。

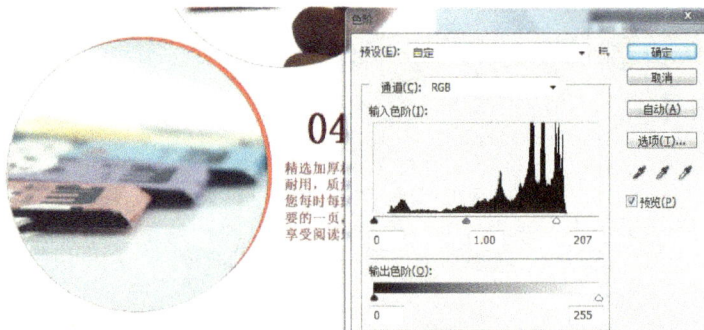

图 5.74　设置"色阶"

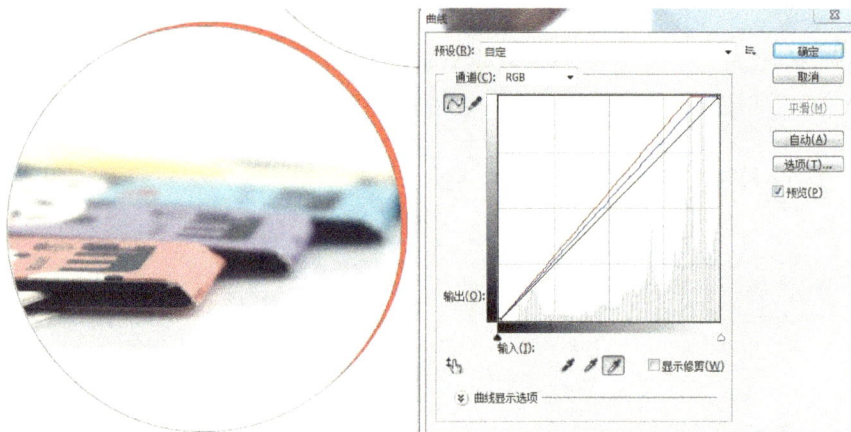

图 5.75　用"曲线"调亮图片

㊄ 把画面中失去的部分色彩还原，按组合键【Ctrl+M】再次打开"曲线"对话框，拖拽曲线至如图 5.76 所示位置。

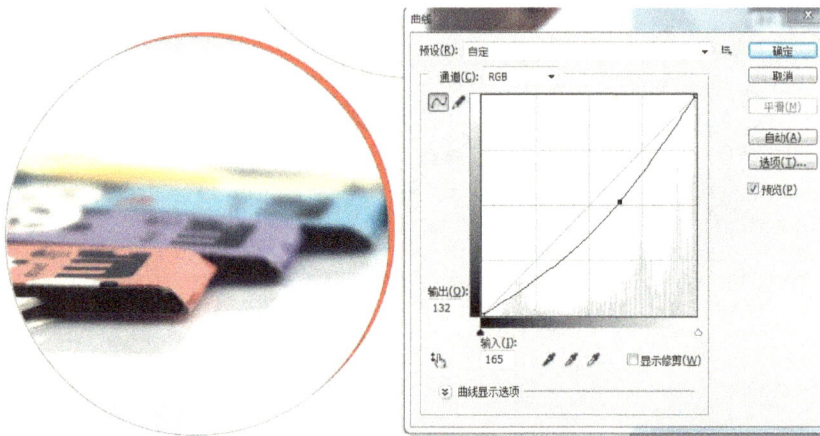

图 5.76　改变曲线位置

㊅ 打开图片文档"水印素材"，单击"选取"工具箱中的"移动工具"按钮，把文档中"图层 1"拖拽到"商品整体和细节展示"文档中，压到第一张商品图的右下角，按组合键【Ctrl+T】，按住【Shift】键进行等比缩放。按【Enter】键确定，效果如图 5.77 所示。

图 5.77　"变形"后的效果

⑦⑦　在"图层"面板中将"水印素材"的"不透明度"降低为 80%，如图 5.78 所示。

图 5.78　图层面板

⑦⑧　单击"选取"工具箱中的"移动工具"按钮，按住【Alt】键拖拽水印至下一张商品图片上，如图 5.79 所示。

图 5.79　复制移动水印

⑦⑨　重复步骤⑦⑧，在下面的商品图片上都放置水印，最终完成"商品整体和细节展示"的设计。

⑧⓪　另存为 JPG 格式，命名为"商品整体和细节展示"，登录店铺账号上传详情图片。

评价方案

实训完成情况评价表

评价项目	良　好	一　般	差
整体结构			
形状美感			
字体位置			
形状位置			
图片调色			

任务扩展

参照图 5.80 制作一个文具类商品的整体和细节图。

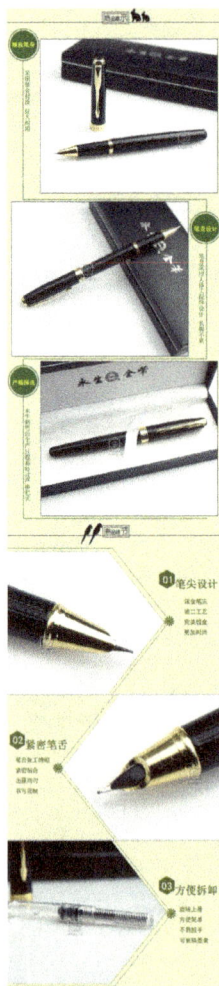

图 5.80 "钢笔"商品整体和细节图

6

制作店铺水印

技能目标

- 了解网店水印的作用、意义及重要性
- 准确判断水印放置在商品图中的位置
- 能够设计店铺水印，并熟练使用工具完成制作

任务描述

　　水印就是为了防止图片被盗用，放在商品图片上的店标或店名，使用水印也是对店铺品牌宣传的一种方式。要注意的是水印图像的尺寸不要过大，颜色最好选用浅色系，放置的位置一般在商品图片的边缘处，如图6.1、图6.2所示。

图 6.1　水印效果图　　　　　　图 6.2　水印效果图

　　如图6.1、图6.2所示的是两种商品图片，水印为店铺标志，降低不透明度后放置在商品图的边缘，既不影响商品图的展示，又对店铺品牌起到了一定的宣传作用。

任务准备

　　准备一个设计好的店标，两张调好色的商品照片图。这些素材都可以在本书提供的素材包中找到。

实现步骤

　　① 打开 Photoshop 软件，打开设计好的店标图片，单击"选取"工具箱中的"魔棒工具"按钮，在属性栏取消默认的"连续"选项，单击店标白色区域，按组合键【Ctrl+Shift+I】

反选选区，如图 6.3 所示。

图 6.3　选中除白色以外的区域

② 按组合键【Ctrl+C】复制选区图像，按组合键【Ctrl+V】在新建图层上粘贴选中的图像，如图 6.4 所示。

图 6.4　复制粘贴图像

③ 按住【Ctrl】键，单击"图层 1"的缩略图，得到"图层 1"的选区，设置前景色为白色，按组合键【Alt+Delete】填充前景色，如图 6.5 所示。

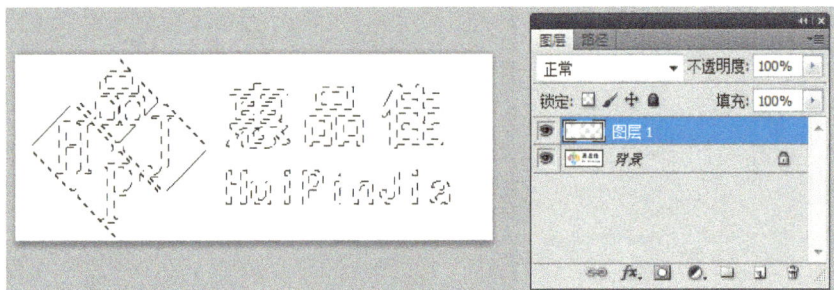

图 6.5　填充白色

④ 按组合键【Ctrl+D】取消选区，在背景层上新建"图层 2"并填充白色，如图 6.6 所示。

图 6.6　新建白色背景图层

⑤ 双击"图层 1"图标，打开"图层样式"对话框，选择"投影"图层样式，按照如图 6.7 所示设置参数。

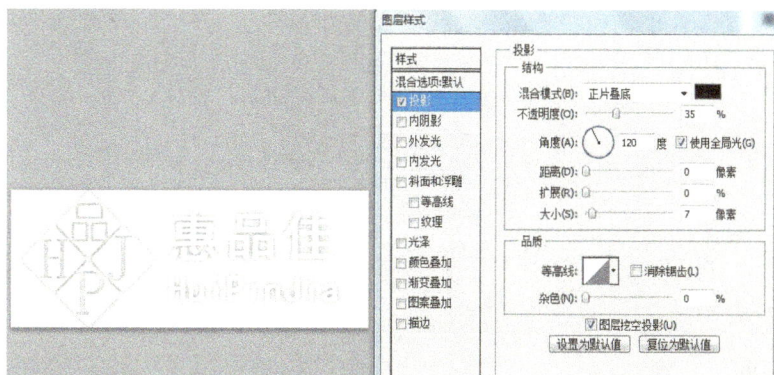

图 6.7　"投影"图层样式

⑥ 拖拽设计好的水印层，放置到商品图片上并压住商品图片的某个边缘，按组合键【Ctrl+T】，按住【Shift】键拖拽变形框的任意一角，等比缩放到合适的图像大小，按【Enter】键确定。在水印图层的属性面板中，适当降低不透明度，调整后就完成了如图 6.1 和图 6.2 所示商品图的制作。

评价方案

实训完成情况评价表

评价项目	良　好	一　般	差
整体结构			
投影效果			
调整大小			
放置位置			

任务扩展

将图 6.8 中的店标按照所学步骤制作成水印，并放置在文具类商品图片上查看效果。

图 6.8　店标样图

7

制作购物保障

- 了解店铺购物保障的作用、意义及重要性
- 掌握购物保障中应包含的内容
- 能够设计店铺的购物保障，并熟练使用工具完成制作

任务描述

购物保障可以提升店铺的信誉度，为了让买家在网上购物无忧，卖家的承诺是得到信任的第一步。购物过程中一旦出现问题，卖家必须兑现承诺，否则由此产生的差评会对卖家后期的销售产生很大影响，所以购物保障要如实呈现店铺确定能兑现的承诺。购物保障效果图如图 7.1 所示。

图 7.1　购物保障效果图

如图 7.1 所示，主题为"无忧购物"的店铺购物保障是针对"7 天无理由退换货""正品""贴心服务""发货时间"等方面做出的承诺，可以让买家购物无后顾之忧。

任务准备

卖家可以提供的购物保障种类很多，如七天无理由退换货、正品保证、及时发货等，从中挑选出本店铺能给买家保证的项目，并加以相应的设计，组合在设计图中，以此让买家放心购买。

实现步骤

① 打开 Photoshop 软件，新建一个 750×380px 的文档，命名为"无忧购物"。单击"选取"工具箱中的"横排文字工具"按钮，在画面中输入文字"无忧购物"，设置字体为"汉仪蝶语体简"，大小为"90 点"，颜色为黄色（R：225，G：155，B：0），如图 7.2 所示。

图 7.2　输入文字

② 双击文字图层，打开"图层样式"对话框，如图 7.3 所示，选择"描边"样式，设置大小为"3"像素，颜色为褐色（R：90，G：30，B：0），完成设置单击"确定"按钮。

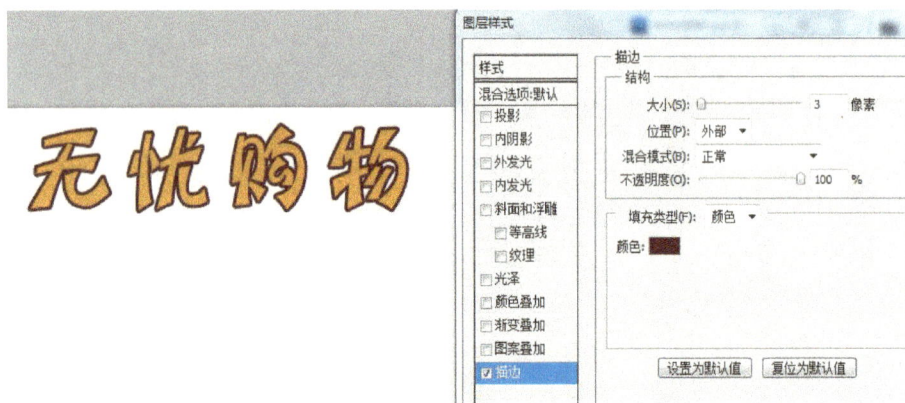

图 7.3　"图层样式"对话框

③ 单击"选取"工具箱中的"横排文字工具"按钮，在文字"无优购物"的下方输入文字"7 天无理由退换货"，设置颜色为褐色（R：90，G：30，B：0）。拖拽鼠标选中数字"7"，设置字体为"汉仪长宋简"，大小为"90 点"，颜色不变。拖拽鼠标选中文字"天无理由"，设置字体为"方正综艺体简"，大小为"35 点"，颜色不变。拖拽鼠标选中文字"退换货"，设置字体为"方正综艺体简"，大小为"52 点"，颜色不变。拖拽鼠标选中叹号"！"，设置字体为"汉仪超粗黑简"，大小为"80 点"，颜色不变，效果如图 7.4 所示。

图 7.4　文字设置效果

④ 单击"选取"工具箱中的"横排文字工具"按钮，继续在下方输入文字"不想要了……包装不喜欢"，每个词组之间单击六次空格键，设置字体为"汉仪中黑简"，大小为"22 点"，颜色为褐色（R：90，G：30，B：0），效果如图 7.5 所示。

图 7.5　文字设置效果

⑤ 新建"图层 1"，单击"选取"工具箱中的"椭圆选框工具"按钮，按住【Shift】键，在文字"不想要了"的后面，拖拽出一个正圆选区，并填充黄色（R：225，G：155，B：0），输入文字"退"，设置字体为"汉仪中黑简"，大小为"30 点"，颜色为白色，如图 7.6 所示。

图 7.6　文字设置效果

⑥ 按住【Ctrl】键同时选中文字"退"层和"图层 1",按组合键【Ctrl+E】合并选中图层得到新的"退"层,按住组合键【Alt+Shift】拖拽鼠标平行复制"退"层,分别放置在另外 3 个词组的右侧,效果如图 7.7 所示。

图 7.7 文字设置效果

⑦ 新建"图层 2",单击"选取"工具箱中的"画笔工具"按钮,在属性栏中设置大小为"1px",硬度为 100%,前景色为黑色,按住【Shift】键,在画面中拖拽出一条直线,如图 7.8 所示。

图 7.8 画直线

⑧ 在直线下方输入文字"正",设置字体为"幼圆",大小为"50 点",颜色为褐色(R:90,G:30,B:0),如图 7.9 所示。

图 7.9 输入"正"字

⑨ 新建"图层 3",单击"选取"工具箱中的"椭圆选框工具"按钮,按住【Shift】键,拖拽出一个正圆选区,按组合键【Alt+E/S】,打开"描边"对话框,如图 7.10 所示,设置宽度为"4px",颜色为褐色(R:90,G:30,B:0),单击"确定"按钮。

图 7.10　"描边"对话框

⑩ 按组合键【Ctrl+D】取消选区,按住【Ctrl】键同时选中"图层 3"和文字"正"层,按组合键【Ctrl+E】合并选中图层得到新的"图层 3"。单击"选取"工具箱中的"自定形状工具"按钮,在属性栏里单击"路径"按钮,选择"红心形卡"形状,在如图 7.11 所示的位置拖拽出一个心形路径,按组合键【Ctrl+Enter】将路径转变为选区。

图 7.11　心形选区

⑪ 新建"图层 4",按组合键【Alt+E/S】,打开"描边"对话框,如图 7.12 所示,设置宽度为"4px",颜色为褐色(R:90,G:30,B:0),单击"确定"按钮。按组合键【Ctrl+D】取消选区。

图7.12 "描边"对话框

⑫ 单击"选取"工具箱中的"套索工具"按钮，在心形左上角拖拽出部分选区，如图7.13所示。

⑬ 按组合键【Ctrl+C】复制，按组合键【Ctrl+V】粘贴，单击"选取"工具箱中的"移动工具"按钮，向左上角移动至如图7.14所示位置，目的是增强心形的效果。按住【Ctrl】键同时选中"图层4"和"图层5"，按组合键【Ctrl+E】合并选中图层。

图7.13 选取部分弧线

图7.14 增强心形的效果

⑭ 新建"图层6"，单击"选取"工具箱中的"自定形状工具"按钮，在属性栏单击"路径"按钮，选择"时间"形状，在画面中拖拽鼠标绘制一个"钟表"形状路径，如图7.15所示。

图7.15 "钟表"形状路径

⑮ 按组合键【Ctrl+Enter】将路径转变为选区，填充褐色（R：90，G：30，B：0），按组合键【Ctrl+D】取消选区，效果如图 7.16 所示。

⑯ 按住【Ctrl】键同时选中"图层 3""图层 5"和"图层 6"，单击"选取"工具箱中的"移动工具"按钮，在属性里分别单击"顶对齐"和"水平居中分布"按钮，如图 7.17 所示。

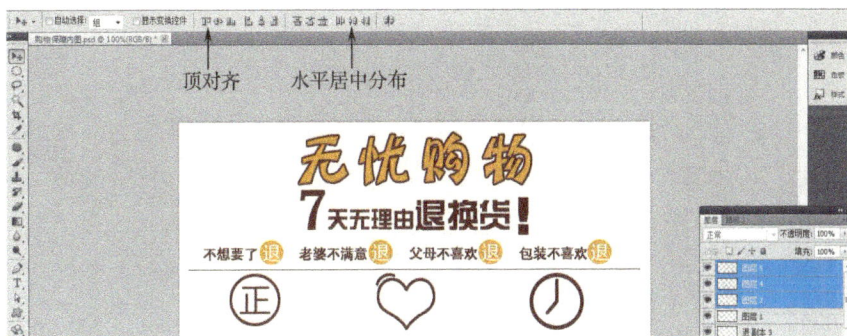

图 7.16　"钟表"图案

图 7.17　排列图标

⑰ 按组合键【Ctrl+E】合并三个图层为"图层 6"，按组合键【Ctrl+J】复制"图层 6"得到"图层 6 副本"，按组合键【Ctrl+T】，单击鼠标右键，在弹出的快捷菜单中选择"垂直翻转"，单击"选取"工具箱中的"移动工具"按钮，按住【Shift】键垂直向下移动"图层 6 副本"，效果如图 7.18 所示。

图 7.18　垂直翻转并移动后效果

⑱ 单击"图层"面板底部的"添加图层蒙版"按钮，单击"选取"工具箱中的"渐变工具"按钮，设置由黑到白的渐变，单击"线性渐变"按钮，按住【Shift】键由上到下拖拽鼠标数次，直到最佳效果。倒影效果如图 7.19 所示。

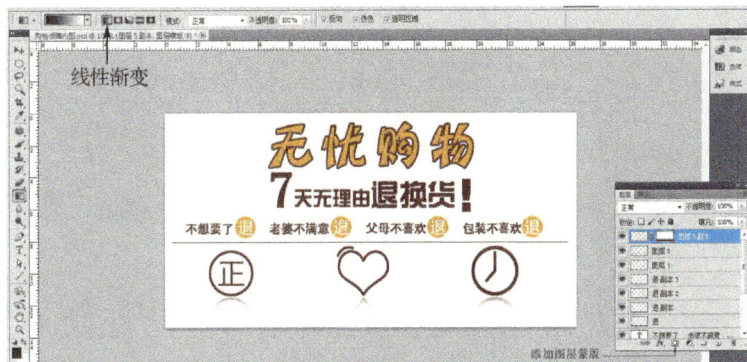

图 7.19　倒影效果

⑲ 在三个图标的下方分别输入文字"百分百正品保证""一对一全程贴心跟踪""当天18 点准时发货",设置大小为"20 点",颜色为褐色（R：90，G：30，B：0），每句文字粗体为"黑体"，细体为"幼圆"，效果如图 7.20 所示。

图 7.20　文字效果

⑳ 选择"背景层"，单击"选取"工具箱中的"渐变工具"按钮，设置颜色为浅黄到深黄色，单击"径向渐变"按钮，按住【Shift】键由画面中心到四周拖拽鼠标做渐变背景，整体调整各图层位置和大小，最终完成效果图。

评价方案

实训完成情况评价表

评价项目	良　好	一　般	差
整体结构			
形状美感			
字体位置			
形状位置			

任务扩展

参照图 7.21 制作一张主题为"网店售后"的购物保障图片。

图 7.21　"网店售后"购物保障图片

制作商品主图

技能目标

- 掌握商品主图应包含的内容
- 能够精准提炼卖点信息
- 能够设计包括商品特性和卖点的商品主图，并熟练使用工具完成制作

任务描述

商品主图最大的作用是吸引买家点击查看宝贝。通过分析市场、分析竞争对手、挖掘自己的商品优势等准备工作，从品牌信息、买赠活动、产品优势等角度设计最佳的商品主图，将商品的价值传递给买家，让他们产生兴趣，以获取有效的点击，进而提升转化率。商品主图如图 8.1 所示。

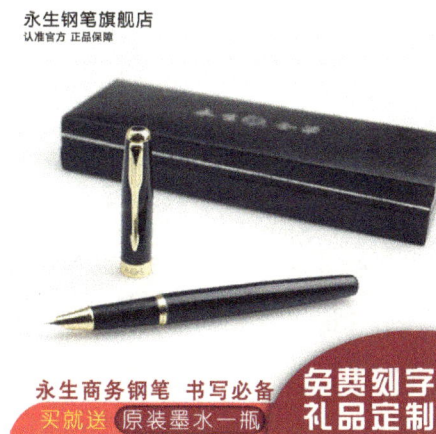

图 8.1　商品主图

任务准备

商品整体图一张，搜集有关产品的卖点信息并进行梳理和挑选。

实现步骤

① 在 Photoshop 软件中打开图片文件"主图素材"，淘宝平台规定主图的大小为 800×

800px。单击"选取"工具箱中的"横排文字工具"按钮，输入文字"永生钢笔旗舰店"，设置字体为"微软雅黑"，大小为"6.4 点"，颜色为黑色。输入文字"认准官方 正品保障"，更改大小为"3.68 点"，两行文字左对齐，如图8.2所示。

图 8.2　输入文字

②　单击"选取"工具箱中的"横排文字工具"按钮，输入文字"免费刻字 礼品定制"，放置在右下角，设置字体为"汉仪综艺体简"，大小为"11.68 点"，颜色为黑色，如图8.3所示。

图 8.3　输入文字

③　在"免费刻字 礼品定制"下方新建"图层1"，单击"选取"工具箱中的"椭圆选框工具"按钮，在右下角拖拽出一个包围文字的椭圆选区，设置前景色为深玫红色（R：

165，G：0，B：55），按组合键【Ale+Delete】填充前景色，如图 8.4 所示。

图 8.4　填充颜色

④ 按组合键【Ctrl+D】取消选区，选中文字"免费刻字 礼品定制"层，颜色改为白色。单击"选取"工具箱中的"横排文字工具"按钮，在图片底部输入文字"买就送原装墨水一瓶"，设置字体为"幼圆"，大小为"8 点"，颜色为黄色（R：255，G：255，B：0），如图 8.5 所示。

图 8.5　输入文字

⑤ 在"图层 1"下方新建"图层 2"，单击"选取"工具箱中的"自定形状工具"按钮，在属性栏单击"填充像素"按钮，选择"选项卡按钮"形状，前景色设置为浅玫红色（R：230，G：0，B：80），在黄色文字底部拖拽出选中形状，如图 8.6 所示。

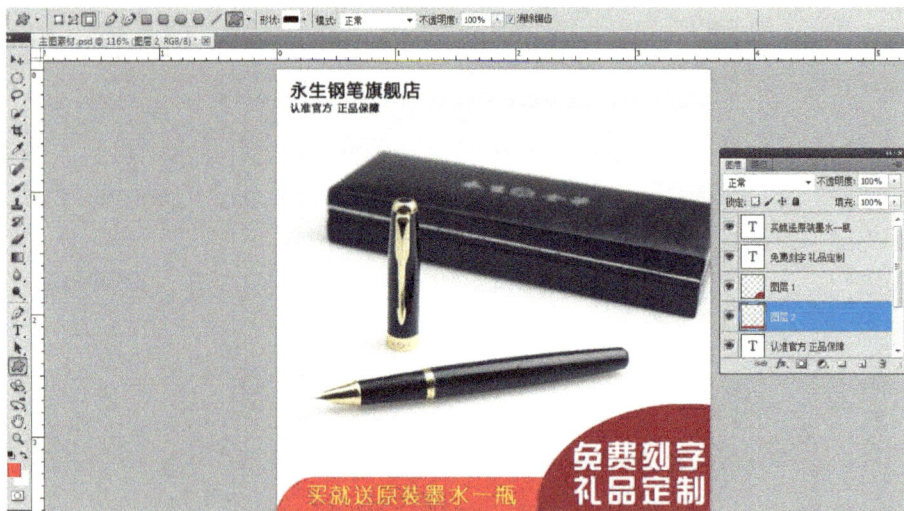

图 8.6　绘制形状图形

⑥ 在"图层 2"上方新建"图层 3"，单击"选取"工具箱中的"圆角矩形工具"按钮，在属性栏单击"填充像素"按钮，设置半径为"20px"，前景色为深玫红色（R：165，G：0，B：55），在文字"原装墨水一瓶"处拖拽出一个圆角矩形，如图 8.7 所示。

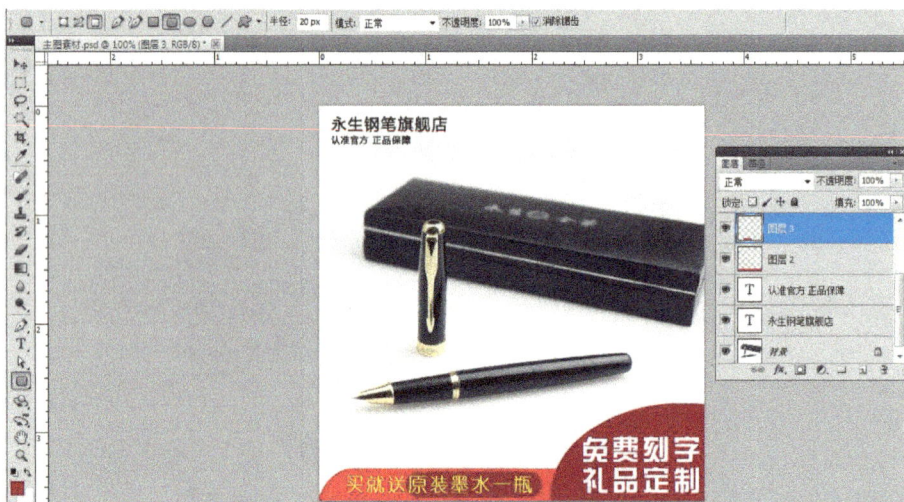

图 8.7　绘制圆角矩形

⑦ 选择文字"买就送原装墨水一瓶"层，在文字"送"和"原"之间添加一个空格。选中后半句改为白色，并将文字层下方的圆角矩形层同步移动到合适位置，如图 8.8 所示。

图 8.8　设置文字

⑧ 双击"图层 3"打开"图层样式"对话框,选择"内阴影",设置如图 8.9 所示。

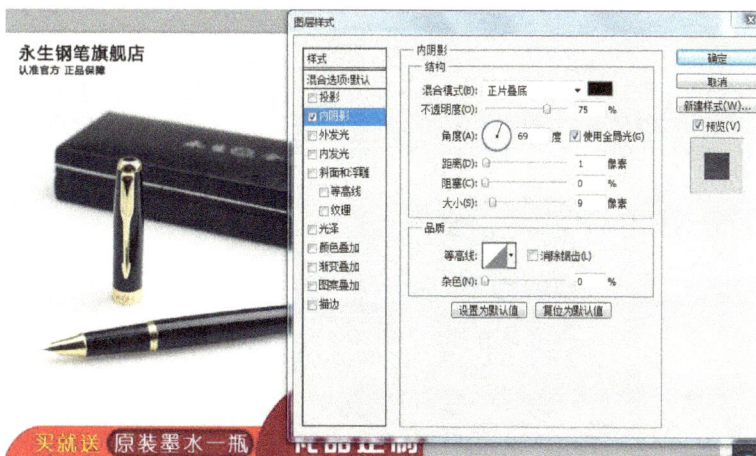

图 8.9　"图层样式"对话框

⑨ 双击"图层 1"打开"图层样式"对话框,选择"投影",设置如图 8.10 所示。

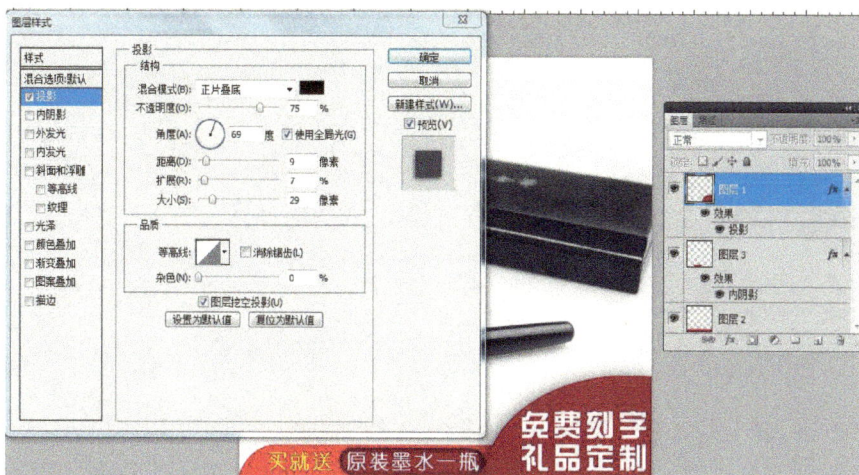

图 8.10　"投影"图层样式

⑩ 单击"选取"工具箱中的"横排文字工具"按钮，输入文字"记生商务钢笔　书写必备"，设置字体为"汉仪中黑简"，大小为"8点"，颜色为深玫红色（R：165，G：0，B：55），最终完成商品主图。

评价方案

实训完成情况评价表

评价项目	良　　好	一　　般	差
整体结构			
形状美感			
字体位置			
形状位置			

任务扩展

参照图8.11制作一张"毛巾"商品的主图。

图 8.11　"毛巾"主图

食品类商品的拍摄

- 掌握不同种类食品的布光方法
- 掌握不同种类食品的背景搭配
- 熟练掌握食品类商品的布局和拍摄角度

任务描述

食品类商品种类繁杂，本任务只针对两种类型进行实践。拍摄时要根据材质不同进行布光和相机参数的调整，布局和造型也要根据商品的特点而定。任务效果图如图 9.1、图 9.2 所示。

图 9.1　薯片的拍摄效果图

图 9.2　凝胶糖果的拍摄效果图

任务准备

拍摄前要准备相关的摄影器材、用于背景搭配的饰品，并整理学过的相关拍摄技巧及注意事项。

1. 拍摄设备及背景搭配饰品准备

（1）相机、如图 9.3 所示的三脚架、如图 9.4 所示的柔光灯（2 个）、如图 9.5 所示的白色倒影板（1 块）。

（2）如图 9.6 所示的一个白色瓷盘。

图 9.3　三脚架

图 9.4　柔光灯

图 9.5　倒影板

图 9.6　白色瓷盘

2．拍摄技巧及注意事项

（1）突出食品松软、酥脆的质感，通常情况用硬光。布光时一侧作为主光位置要稍高，另一侧稍低作为辅光减少阴影，拍摄时可略做调整。食品大多体积较小，为突出其立体感，拍摄角度要低一些。

（2）在布局和背景方面，根据食品的具体情况，可以搭配一些餐具、桌布构成仿餐桌的拍摄环境，或者搭配水杯、杂志构成较为休闲的情境。用白色倒影板突出商品细节，更能衬托出食品的特性。

实现步骤

1．商品布光

（1）操作技术点

要突出商品的材质，可用硬光来展现薯片表面的纹理，烘托出酥脆的口感。对凝胶糖果这种半透明材质的食品，要突出其可爱、Q弹的特点，用逆光更显晶莹剔透。

（2）布光方法

在薯片实例中，采用硬光，左侧 30°，位置较高作为主光，右侧 45°，略高于商品，右侧光弱作为辅光，起到消除阴影的作用。布光方案如图 9.7 所示。

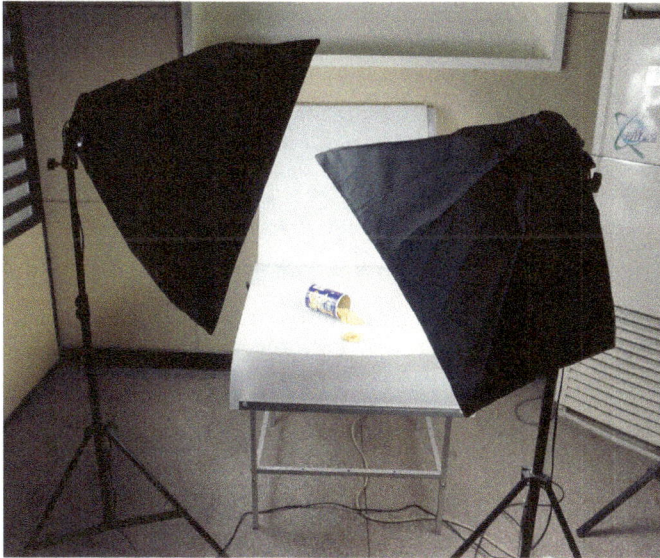

图 9.7　薯片食品的布光方案

在凝胶糖果实例中，左侧侧顺光 45°，位置较高作为主光，右侧侧逆光作为辅光。布光方案如图 9.8 所示。

图 9.8　凝胶糖果的布光方案

2. 商品的布局与背景

（1）操作技术点

食品的拍摄，主要以突出食品的特性为主，让买家看到图片就很有食欲，一般会用盛放食品的器具或食品的包装做背景，并搭建具有生活气息的场景，这样会更有带入感，从而让食品成为主要关注点。

对于体积小、数量多、形状不规则等不好造型的商品，可以采用散点构图或密集式构图；形状规则的可以叠放在一起采用三角形构图或垂直线构图；细长的可以用对角线构图。

（2）具体拍摄布局与背景

在薯片实例中，以薯片外包装为背景，薯片放在白色倒影板上，虚化的背景更能突出商品的品牌。白色倒影板上有薯片和外包装的倒影使画面更充实，也使商品看上去更精致。选出两片形状好的薯片作为拍摄主体，数片搭在外包装外，看似随意，实则有序。薯片的布局与背景如图 9.9 所示。

图 9.9 薯片的布局与背景

在凝胶糖果实例中，糖果采用密集式构图，放在白色瓷盘上，搭配上杯子，在生活气息中突显商品晶莹剔透的质感，如图 9.10 所示。

图 9.10 凝胶糖果的布局与背景

3．相机的设置与拍摄

（1）操作技术点

相机设置：薯片以白色倒影板为背景，商品本身有颜色，曝光补偿基本不用调整。凝胶糖果在拍摄时有背景衬托，曝光补偿要视情况而定，避免过高而引起曝光过度。

拍摄角度：两者都采用接近 0 角度拍摄，这样可以很好地体现商品的立体效果，并形成很强的视觉冲击力。

（2）具体相机设置及拍摄角度

拍摄薯片时，相机设置为 A 档，感光度 ISO 设置为 80，曝光补偿设置为+1.3EV，可根据商品的实际情况进行曝光补偿调整，如图 9.11 所示。

图 9.11　薯片拍摄的相机设置

模式选择 A 档（光圈优先），设置光圈值为 F4.5，如图 9.12 所示。

图 9.12　薯片拍摄的光圈值设置

为体现立体感，拍摄角度控制在 0°～10° 之间，如图 9.13 所示。

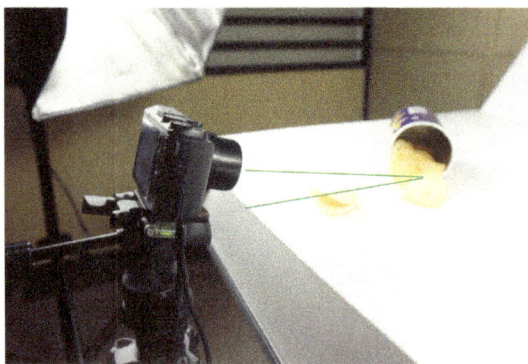

图 9.13　薯片的拍摄角度

拍摄凝胶糖果时，相机设置为 P 档，感光度 ISO 设置为 80，曝光补偿设置为+1EV，如图 9.14 所示。

图 9.14　凝胶糖果拍摄的相机设置

拍摄角度控制在 20° 左右，如图 9.15 所示。

图 9.15　凝胶糖果的拍摄角度

评价方案

实训完成情况评价表

项　目	A　级	B　级	C　级	个人评价	同学评价	教师评价
布光	布光很合理、恰到好处	布光较合理	布光不太合理			
背景搭配	风格统一、视觉效果突出	视觉效果较突出	喧宾夺主、不合理			
构图	构图合理、主体突出	构图较合理、主体较突出	构图不合理			
角度	不变形、立体呈现	立体展示、基本不变形	不立体或变形			
清晰度	对焦精准、清晰	基本清晰,不影响使用	模糊			
学生互评评语						
教师总结评语						
组内总结						

任务扩展

完成如图 9.16 所示瓜子的拍摄。

1. 拍摄准备：相机、三脚架、柔光灯（2 个）、倒影板。
2. 注意事项：合理布光、布局，选择拍摄角度时要注意商品不可变形，突出主体。

图 9.16　瓜子的拍摄

饰品类商品的拍摄

技能目标

- 掌握饰品类商品的布光方法
- 掌握饰品类商品的背景搭配
- 熟练掌握饰品类商品的布局和拍摄角度

任务描述

饰品类商品材质不同、造型各异，大多晶莹璀璨，拍摄中会有很多反光点，容易出现耀斑。拍摄时要根据材质不同对布光、背景、布局进行调整。任务效果图如图 10.1、图 10.2 所示。

图 10.1　珊瑚坠项链的拍摄效果图

图 10.2　水晶头饰的拍摄效果图

任务准备

拍摄前要准备相关的摄影器材、用于背景搭配的饰品，并整理学过的相关拍摄技巧及注意事项。

1. 拍摄设备及背景搭配饰品准备

（1）相机、三脚架、柔光灯（2 个）、如图 10.3 所示的柔光棚（1 个）。

（2）如图 10.4 所示的仿丝绸背景布一块、如图 10.5 所示的仿真玫瑰花瓣若干。

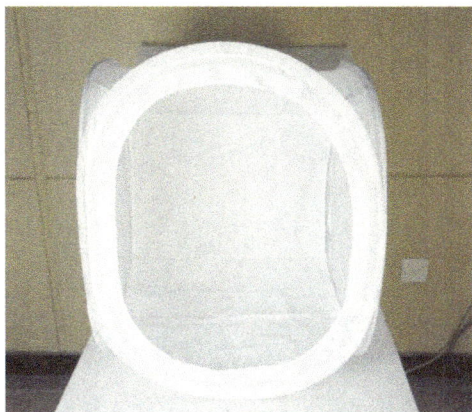

图 10.3　柔光棚

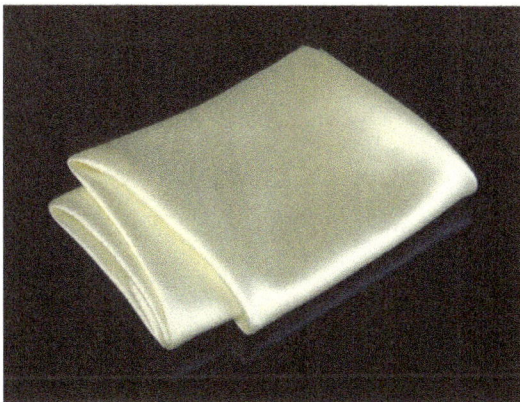

图 10.4　仿丝绸背景布

图 10.5　仿真玫瑰花瓣

2. 拍摄技巧及注意事项

（1）很多饰品会反光，拍摄时以柔光为主，为避免出现过多的耀斑，可以用柔光棚拍摄。通常情况下 2 个柔光灯即可，需补光时加用反光板。具体的布光根据所拍摄饰品的材质和造型进行调整。

（2）在布局和背景上要注意，由于饰品大多体积较小，只需突出展示饰品这个拍摄主体，布局上不必展示全景，背景上要选择与饰品风格相符的搭配，切忌喧宾夺主。

实现步骤

1. 商品布光

（1）操作技术点

在珊瑚坠项链实例中，商品的主要卖点是项链吊坠的材质，要突出珊瑚坠的质地，同时还要注意项链部分耀斑过多的问题，应以柔光来展现。

在水晶头饰实例中，水晶材质有些透光，切割面会有多处强烈的明暗反差，也会有部分小碎钻由于卡子造型的原因而出现多个不规则的耀点，应在一个相对封闭的空间内用柔光拍摄。

（2）具体布光方法

在珊瑚坠项链实例中，用了两侧侧顺光，左侧 45°，略高于商品，作为主光，右侧 60°，比左侧稍高，作为辅光。布光方案如图 10.6 所示。

在水晶发卡实例中，用了一侧侧顺光，30°，略高于商品，作为主光，另一侧较高，作为辅光，柔光棚会使光线均匀、柔和，布光方案如图 10.7 所示。将水晶头饰放在柔光棚中的白色背景布上，在相对密闭的空间内，水晶切割面不会有大面积的强烈明暗对比，小碎钻耀点也会减少。

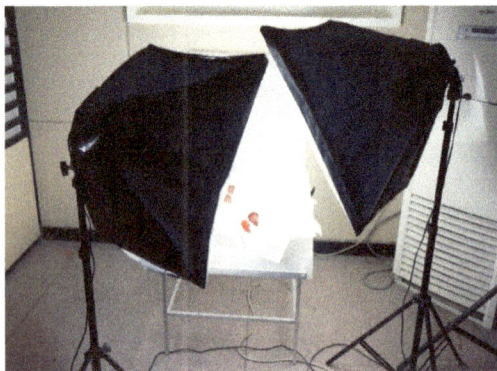

图 10.6　项链的布光方案

图 10.7　头饰的布光方案

2. 商品的布局与背景

（1）操作技术点

饰品类的布局一般有摆拍、挂拍及佩戴拍等多种方法，如果是长条形的饰品（如头饰中的卡子），最好采用对角线的构图方式，一般不用横向或竖向的摆放方式，由于卡子体积不算小并有造型设计，所以背景可以相对简单些，不必太繁琐；而对于较小的单一造型的饰品（如戒指），要适当地加些背景衬托，同时也可辅助商品更多的拍摄角度。饰品较为光洁的表面容易留下手印和汗渍，把商品处理干净，再进行拍摄，效果更佳。

（2）具体拍摄布局与背景

在珊瑚坠项链实例中，项链搭在由浅色仿丝绸背景布折叠的纹理上展示，由于项链的吊坠面积较小，在画面中显得有些色调单一，也略显单薄，加几片玫瑰花瓣，使画面色彩丰富，同时也呼应了珊瑚吊坠的红色。将背景虚化，红色的珊瑚显得娇艳欲滴，更突出项链的主体性。项链的布局与背景如图 10.8 所示。

图 10.8　项链的布局与背景

在水晶发卡实例中，发卡相对体积不算小、水晶面积大、整体有造型，又是长条形的，用干净的白色背景既能衬托主体，又能突显水晶的纯净感，比加复杂的背景和装饰更好。如果不平放，也可以把卡子支起，但要掌握好角度。发卡的布局与背景如图 10.9 所示。

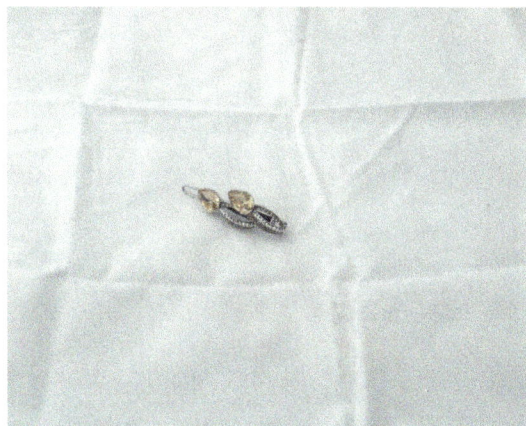

图 10.9　发卡的布局与背景

3．相机的设置与拍摄

（1）操作技术点

相机设置：饰品材质大多以金、银色为主，易反光，曝光补偿根据白加黑减的原则进行调整。部分饰品还要添加一些背景和拍摄配饰，可以视拍摄时的情况进行相应调整。

拍摄角度：一般饰品都较小，建议拍摄角度小一些，这样可以拍出商品的立体感，不会丢失细节，如果是悬挂的，可以采用近 0°的拍摄角度。当然，拍摄时还要根据卖家想要展现的内容而定。

（2）具体相机设置及拍摄角度

拍摄珊瑚坠项链时，相机设置为 A 档（光圈优先），感光度 ISO 设置为 80，曝光补偿设置为+0.7 EV，如图 10.10 所示。

设置光圈值为 F8.0，景深变浅，前实后虚，可以使项链吊坠更突出，如图 10.11 所示。

图 10.10　项链拍摄的相机设置

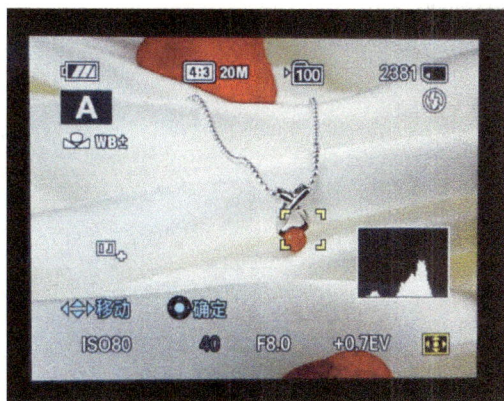

图 10.11　项链拍摄的光圈值设置

拍摄角度控制在 20°左右，拍摄时选择灵活定点 AF，对准项链吊坠，保证主体清晰，如图 10.12 所示。

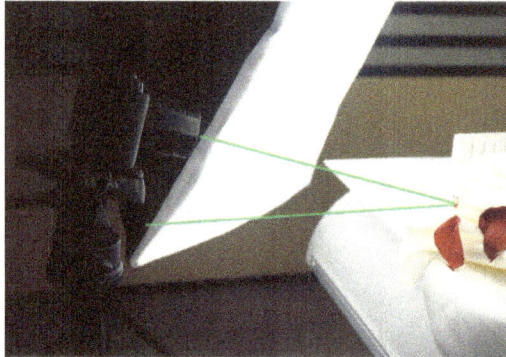

图 10.12　项链的拍摄角度

拍摄水晶发卡时，相机设置为 P 档，感光度 ISO 设置为 100，曝光补偿设置为+1.3EV，如图 10.13 所示。

发卡拍摄时的拍摄角度为 75°，由于发卡有造型，所以采用的拍摄角度较高，更突出商品的立体感和层次感，如图 10.14 所示。

图 10.13　发卡拍摄的相机设置

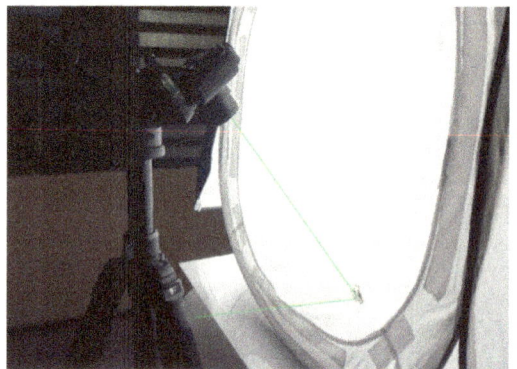

图 10.14　发卡的拍摄角度

评价方案

实训完成情况评价表

项　目	A　级	B　级	C　级	个人评价	同学评价	教师评价
布光	布光很合理、恰到好处	布光较合理	布光不太合理			
背景搭配	风格统一、视觉效果突出	视觉效果较突出	喧宾夺主、不合理			
构图	构图合理、主体突出	构图较合理、主体较突出	构图不合理			
角度	不变形、立体呈现	立体展示、基本不变形	不立体或变形			

续表

项　目	A　级	B　级	C　级	个人评价	同学评价	教师评价
清晰度	对焦精准、清晰	基本清晰，不影响使用	模糊			
学生互评评语						
教师总结评语						
组内总结						

任务扩展

完成如图 10.15 所示发饰的拍摄。

1．拍摄准备：相机、三脚架、柔光灯（2 个）、柔光棚。

2．注意事项：合理布光、布局，选择拍摄角度时要注意商品不可变形，突出主体。

图 10.15　发饰的拍摄

鞋包类商品的拍摄

技能目标

- 掌握鞋包类商品的布光方法
- 掌握鞋包类商品的背景搭配
- 熟练掌握鞋包类商品的布局和拍摄角度

任务描述

鞋包类商
品的拍摄

鞋包类商品有多种材质，如皮革、布等，拍摄时要根据材质调
整布光和相机参数，但在布局和造型上方法类似。任务效果图如图 11.1～图 11.3 所示。

图 11.1　皮包的拍摄效果图

图 11.2　皮鞋的拍摄效果图

图 11.3　皮鞋的拍摄效果图

任务准备

拍摄前要准备相关的摄影器材、用于背景搭配的饰品，并整理学过的相关拍摄技巧及注意事项。

1. 拍摄设备及背景搭配饰品准备

（1）相机、三脚架、柔光灯（2个）、白色倒影板（1块）。

（2）如图11.4所示的浅色棉制背景布一块、如图11.5所示的相框一个、如图11.6所示的装饰小饰品若干。

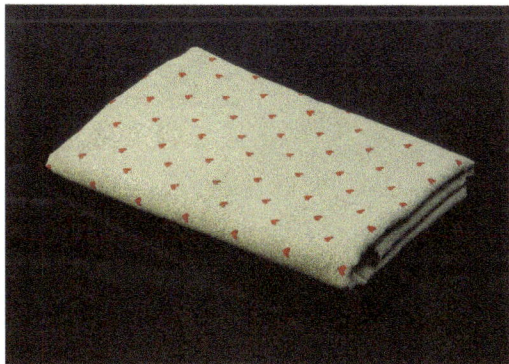

图 11.4　浅色棉制背景布

图 11.5　相框

图 11.6　装饰小饰品

2. 拍摄技巧及注意事项

（1）通常情况下只需使用两个柔光灯，需补光时再加用反光板。布光时采用一侧侧顺光作为主光，另一侧侧顺光作为辅光，比主光稍远一点，调整辅光的亮度，比主光弱大概2/3，观察阴影，拍摄时略做调整。为突出皮革的质感，光源不要离得太近，主光的角度可以大一些，大约60°，高度比商品略高一些。

（2）另一种布光方式，将一侧侧光向外拉，使距离变远，将顶光调亮，如果没有专业可调节的顶光灯箱，可以将普通侧灯箱稍调高些，灯头位置向下调，尽量模拟顶光。在获得高光点的切入时，侧光也赋予了少量阴影，这样拍出来的皮具既立体又突显品质。顶光的加入，对于鞋包类商品更为重要，可以增强商品里面部分的光线。

（3）摆拍时，要突出商品的空间感，可以考虑加倒影板，调整好曝光便可出现倒影。

实现步骤

1. 商品布光

（1）操作技术点

皮具的材质表面光滑，容易出现反光，要突出鞋包类商品的材质，需要用柔光来展现。

（2）具体布光方法

皮包实例中，用了两个侧顺光，右侧 60°，位置较高作为主光，左侧 45°，略高于商品，光线较弱作为辅光，起到消除阴影的作用。皮包的布光方案如图 11.7 所示。

图 11.7　皮包的布光方案

在皮鞋实例中，因为要突出鞋的材质，把柔光灯前的柔光布去掉了，用的是直射光线。皮鞋的布光方案如图 11.8 所示。

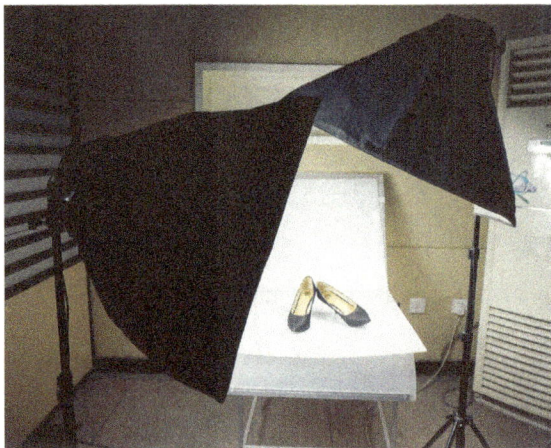

图 11.8　皮鞋的布光方案

2. 商品的布局与背景

（1）操作技术点

皮包的拍摄，如果采用模特拍摄，要注意衣服颜色的搭配，要能衬托出皮包，景深要浅些，拍出背景模糊的图片，才能达到突出皮包的效果。

皮鞋拍摄时，最好按照对角线或三角形构图的方法来布局，少用纯正面或纯侧面，尽可能在一张照片中容纳前面、侧面和里面的各种信息，这样拍出的鞋子不死板，视觉上更舒服。拍摄时，除了摆拍，还可以穿拍，对于不同材质的鞋，要搭建不同的场景，如运动鞋可选择在户外草坪或塑胶跑道上，而高跟鞋可选择在光洁的地板上，但切忌喧宾夺主，要突出鞋子。拍摄前把商品处理干净，鞋子最好护理一下，效果会更佳。

（2）具体拍摄布局与背景

在皮包实例中，为皮包搭建了一个生活场景，贴近生活更容易引起买家的共鸣，如图 11.9 所示。

在皮鞋实例中，用三角形构图方案，配上纯净的背景，突出主体，如图 11.10 所示。

图 11.9　皮包的布局与背景

图 11.10　皮鞋的布局与背景

3. 相机的设置与拍摄

（1）操作技术点

相机设置：皮包表面有光泽感、颜色柔和适中，不用调整曝光补偿。皮鞋颜色较深，背景是纯白倒影板，根据白加黑减原则进行相应减的调整。

拍摄角度：两者在整体展示时，主图整体造型的拍摄可以选择适当的从上向下俯视角度，这样里面有适当的光线，能拍摄出精美的图片。拍细节时，按照商品的特点及宣传点进行特写拍摄。

（2）具体相机设置及拍摄角度

拍摄皮包时，相机设置为 P 档，感光度 ISO 设置为 100，曝光补偿设置为 0EV。本实例皮包颜色相对好拍摄，颜色稍深，所以曝光补偿不用调整，如图 11.11 所示。

为体现立体感，拍摄皮包时角度控制在 45°左右，皮包如果离镜头过近，会产生变形，三脚架距离应远一些，拉动变焦杆，拉近焦距即可，如图 11.12 所示。

拍摄皮鞋时，相机设置为 P 档，感光度 ISO 设置为 100，曝光补偿设置为-0.7EV，如图 11.13 所示。

图 11.11 皮包拍摄的相机设置

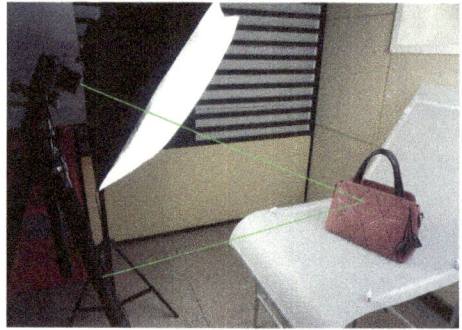

图 11.12 皮包的拍摄角度

拍摄皮鞋角度控制在 45～60°之间，高跟鞋后跟有一定高度，拍摄角度与皮包基本一致，为避免皮鞋变形，镜头距离鞋不能过近，拍摄角度不能过低，如图 11.14 所示。

图 11.13 皮鞋拍摄的相机设置

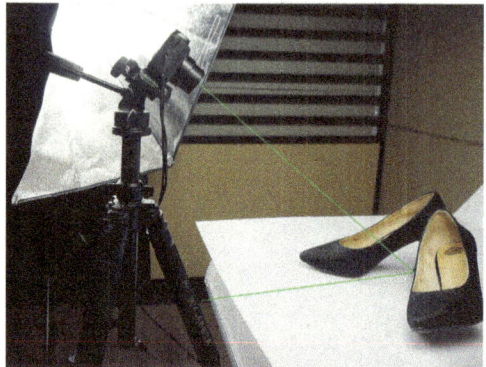

图 11.14 皮鞋的拍摄角度

评价方案

实训完成情况评价表

项　　目	A　　级	B　　级	C　　级	个人评价	同学评价	教师评价
布光	布光很合理、恰到好处	布光较合理	布光不太合理			
背景搭配	风格统一、视觉效果突出	视觉效果较突出	喧宾夺主、不合理			
构图	构图合理、主体突出	构图较合理、主体较突出	构图不合理			
角度	不变形、立体呈现	立体展示、基本不变形	不立体或变形			
清晰度	对焦精准、清晰	基本清晰，不影响使用	模糊			
学生互评评语						
教师总结评语						
组内总结						

任务扩展

完成如图 11.15 所示皮包的拍摄。

1．拍摄准备：相机、三脚架、柔光灯（2 个）、倒影板。

2．注意事项：合理布光、布局，选择拍摄角度时要注意商品不可变形，并突出主体。

图 11.15　皮包的拍摄

化妆品类商品的拍摄

- 掌握化妆品类商品的布光方法
- 掌握化妆品类商品的背景搭配
- 熟练掌握化妆品类商品的布局和拍摄角度

任务描述

化妆品类商品的拍摄

化妆品外包装造型各异、材质多样化，灯光的运用要视情况而定。常见的化妆品包装材质有半透明、透明、不透明的玻璃或塑料，包装上会有一些精致的细节设计，针对这种情况，在拍摄过程中，要综合运用所学知识，通过商品的布光、布局及拍摄角度来突出展现商品的特质。任务效果图如图 12.1、图 12.2 所示。

图 12.1　化妆品套装的拍摄效果图

图 12.2　化妆品单品的拍摄效果图

任务准备

拍摄前要准备相关的摄影器材、用于背景搭配的饰品，并整理学过的相关拍摄技巧及注意事项。

1. 拍摄设备及背景搭配饰品准备

（1）相机、三脚架、柔光灯（2 个）、白色倒影板（1 块）、如图 12.3 所示的金银反光板（1 个）。

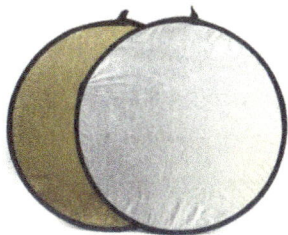

图 12.3　反光板

（2）如图 12.4 所示的浅色丝绸（或仿丝绸布料）一块、如图 12.5 所示大小不一的仿珍珠若干。

图 12.4　浅色丝绸

图 12.5　仿珍珠若干

2．拍摄技巧及注意事项

（1）使用柔光照明的方式来表现，尽量使用柔光罩。若使用直接照明的方式，会产生强烈的反光，丢失很多细节，并且非常刺眼，影响体现商品的质感。

（2）选择白色背景纸或白色静物台，也可以根据产品的颜色来搭配相应颜色、图案的背景纸，还可以用渐变背景纸，呈现出自然的明暗渐变效果。

（3）套装护肤品的摆放，要体现出层次关系，通常可以根据套系进行摆放，要注意画面的平衡，对于单品可以加一些点缀，也可以根据商品的不同来设计布局。

实现步骤

1．商品布光

（1）操作技术点

在化妆品实例中，要突出瓶子的立体感，不能把瓶子拍成扁的。在布光上，要注意阴影及高光的掌控，明暗的对比能突出立体感，但切忌光斑太多。

（2）具体布光方法

单品的布光方案如图 12.6 所示，右侧一个侧顺光（柔光灯），左侧使用反光板，既消除了阴影，又使其更有层次感，瓶子更立体。单品立体感效果图如图 12.7 所示。

图 12.6 单品的布光方案

图 12.7 单品立体感效果图

套装的布光方案如图 12.8 所示，左右各一个侧顺光（柔光灯），均为 45°，略高于商品，左侧光线稍强一些。

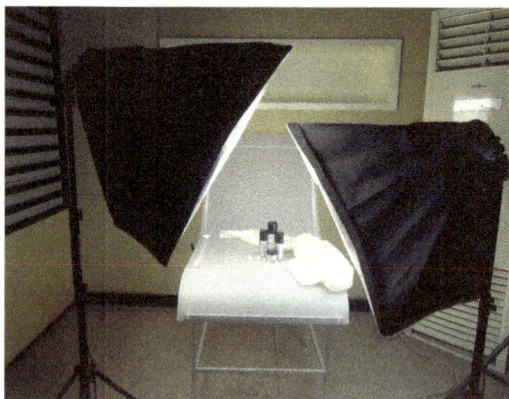

图 12.8 套装的布光方案

2. 商品的布局与背景

（1）操作技术点

选择一些漂亮的同种风格配饰，可以使画面丰富、有意境，更容易吸引顾客。同款多色彩或一套中大小高低都不同的商品，可以按疏密方法进行布局，会有比较强的视觉冲击力。

（2）具体拍摄布局与背景

在本任务中，单品和套装都是采用丝绸做背景，单品展示时，瓶子底端的丝绸做了一个漩涡造型，勾勒出高光和阴影，在凹处放几粒珍珠，画面生动。而套装展示中，丝绸占的面积较小，波浪造型使背景不单调，温和、典雅而不失活泼。

单品的布局与背景：丝绸给人一种华丽和细腻感，用作背景使商品看起来更加雅致、大气，作为套装中单品的展示，为突出主体采用中心点构图，如图 12.9、图 12.10 所示。这两幅图可用作详情页中单品的展示。

图 12.9　单品的布局与背景 1　　　　　　图 12.10　单品的布局与背景 2

　　套装的布局与背景：套装的高低大小不同，按疏密方法构图，但画面还是较为单一，考虑到这套化妆品是比较淡雅的风格，为突出品质，可在其前方摆放几粒大小不一的珍珠，让画面多了几分灵动，同时暗喻商品的功能，在其后方加入了浅色丝绸的造型，让画面看起来更柔美，如图 12.11 所示。本图可用作套系商品的整体展示，或者放在海报上做成主推商品。

图 12.11　套装的布局及背景

3．相机的设置与拍摄

（1）操作技术点

相机设置：商品外包装有些许反光，单品和套装的背景都采用了浅色丝绸，曝光补偿根据白加黑减的原则进行相应调整。

拍摄角度：化妆品包装外形大多为圆柱形，要突出其立体感，就必须让瓶子上面或下面出现圆弧，一般会让相机位置略高于商品，拍摄角度在30～40°之间，呈现圆柱立体感。

（2）具体相机设置及拍摄角度

拍摄化妆品时，相机设置为P档，感光度ISO设置为100，单品拍摄曝光补偿设置为+0.7EV，如图12.12所示。

为体现立体感，单品拍摄角度控制在40°左右，如图12.13所示。

图 12.12　单品拍摄的相机设置

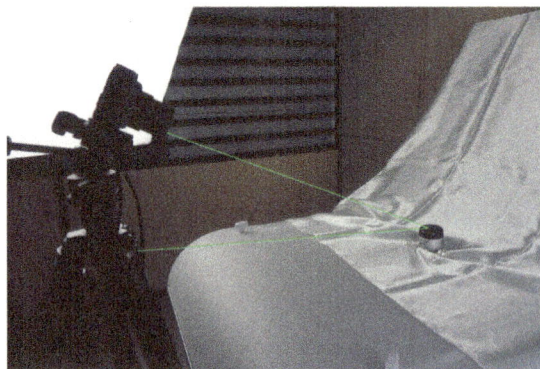

图 12.13　单品的拍摄角度

套装拍摄曝光补偿设置为+1.3EV，如图12.14所示。

套装拍摄角度控制在30°左右，如图12.15所示。

图 12.14　套装拍摄的相机设置

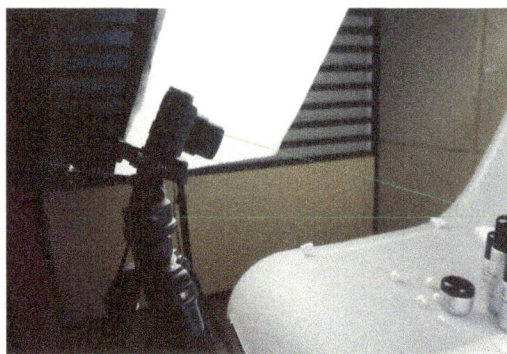

图 12.15　套装的拍摄角度

评价方案

实训完成情况评价表

项　　目	A　级	B　级	C　级	个人评价	同学评价	教师评价
布光	布光很合理、恰到好处	布光较合理	布光不太合理			
背景搭配	风格统一、视觉效果突出	视觉效果较突出	喧宾夺主、不合理			

续表

项　目	A　级	B　级	C　级	个人评价	同学评价	教师评价
构图	构图合理、主体突出	构图较合理、主体较突出	构图不合理			
角度	不变形、立体呈现	立体展示、基本不变形	不立体或变形			
清晰度	对焦精准、清晰	基本清晰，不影响使用	模糊			
学生互评评语						
教师总结评语						
组内总结						

任务扩展

完成如图 12.16 所示护手霜的拍摄。

1．拍摄准备：相机、三脚架、柔光灯（2 个）、拍摄道具、背景布。

2．注意事项：合理布光、布局，选择拍摄角度时要注意商品不可变形，突出主体。

图 12.16　护手霜的拍摄

13

不同表面材质商品的拍摄

技能目标

- 掌握不同表面材质商品的布光方法
- 掌握不同表面材质商品的背景搭配
- 熟练掌握不同表面材质商品的布局和拍摄角度

任务描述

商品的表面材质各不相同，不同材质的商品拍摄方法也不同。在本任务中，主要对吸光商品（全吸光体和半吸光体）、反光商品（立体反光体和非立体反光体）、透明商品 3 个种类的商品进行拍摄。任务效果图如图 13.1～图 13.5 所示。

图 13.1　全吸光体的拍摄效果图

图 13.2　半吸光体的拍摄效果图

图 13.3　立体反光体的拍摄效果图

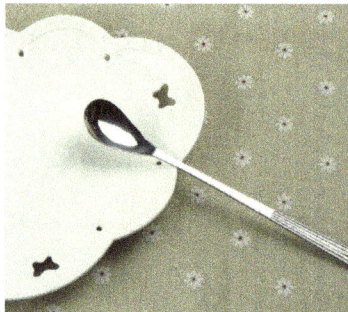

图 13.4　非立体反光体的拍摄效果图

图 13.5 透明商品拍摄效果展示

任务准备

拍摄前要准备相关的摄影器材、用于背景搭配的饰品，并整理学过的相关拍摄技巧及注意事项。

1. 拍摄设备及背景搭配饰品准备

（1）相机、三脚架、柔光灯（2个）、白色倒影板（1块）、柔光棚（1个）。

（2）陶瓷盘一个、如图 13.6 所示的浅色碎花棉质背景布一块、如图 13.7 所示的仿真绿植一组。

图 13.6 浅色碎花棉质背景布

图 13.7 仿真绿植

2. 拍摄技巧及注意事项

（1）吸光体

在商品的拍摄过程中，有时会遇到吸光的商品，吸光商品可以分为全吸光体和半吸光体。全吸光体，一般表面是不光滑的，粗糙的表面有很强的吸收光线的能力，如棉麻、毛料、毛线、毛绒、蛋糕、饼干等，要表现出其质感，需要保留一些凹凸点带来的投影，用稍硬的光线照明，可以有强化纹理的作用。半吸光体表面相对光滑些，有一定的吸收光线的能力，对部分光线呈漫反射状态，较均匀地反射到各个方向，如水果、纸张、木材、亚光的塑料制品等，用比较柔和的光来表现其相对细腻、平滑的质感。

（2）反光体

表面光滑的商品，如不锈钢、瓷器、漆器、电镀制品等，对光都具有较强的单向反射性，产生镜面反光效果，打光时，容易产生较强的光斑，对于体积较大的商品，还容易出现相机和摄影者的影子。拍摄光滑表面的商品时，要用柔光灯来进行照亮：一是体现其表面的细腻感，二是柔和、均匀的光线能够让光滑表面对光的反射性降低，色调体现较完整。

反光商品根据形状的不同布光方法也有所不同，如圆柱体、球体或扁平状的物体等。当然也不能一概而论，硬光和柔光要视实际情况而定，有时硬光产生的投影也能给画面增色，要表现线条的坚硬时，硬光是不错的选择。

（3）透明体

透明商品，要注意表现它的通透性，像玻璃制品、玉石、水晶或一些液体类商品（如香水、化妆品、饮料等），要拍出晶莹剔透的感觉。这类商品不但透光，同时还具有一定的反光性，光线的入射角越小，反射光量越大，越能体现出它的通透质感。

实现步骤

1. 商品布光

（1）操作技术点

布光时光位以侧光与侧逆光为主，位置不宜过高，这样拍摄出的商品表面质感更具明暗变化，层次感更丰富，立体感更强。

拍摄半吸光体商品时，以柔光为主，布光的灯位通常以侧光、顺光、侧顺光为主，利于层次和色彩的表现。

立体的反光商品拍摄时，一般要用柔光棚把商品与周围可能映照到商品上的物品隔离开，以改善商品上明暗不统一的光斑情况。采用两侧打光来增强商品的立体感，也可以利用黑色或白色卡纸来反光，突出它的立体感。

非立体反光商品，如不锈钢的刀、叉、勺等，形状相对较平。对于这类商品，要充分利用金属平面对光反射的特性，采取俯视角度，利用高逆光，调整主体的摆放角度及位置，达到最佳的反射效果。

透明商品在拍摄时，布光要用侧光、侧逆光和底部光方式，利用逆光光线穿透拍摄主体，呈现不同的色彩层次和光感，衬托出商品精致、透明的质感。侧光可以选用柔光或间接光，来勾勒出商品的外形。

（2）具体布光方法

全吸光体，应采用硬光，一侧侧顺光作为主光，稍高，主光摘掉柔光罩，用硬光，辅光可以用另一侧侧顺光，稍暗。毛绒玩具的布光方案如图 13.8 所示。拍摄出的毛绒更有层次感，似乎每根绒毛都可以看清，效果如图 13.9 所示。

半吸光体，喷壶布光用柔光灯，侧顺光，光线柔和，拍摄出的商品质感平滑、细腻，如图 13.10 所示。

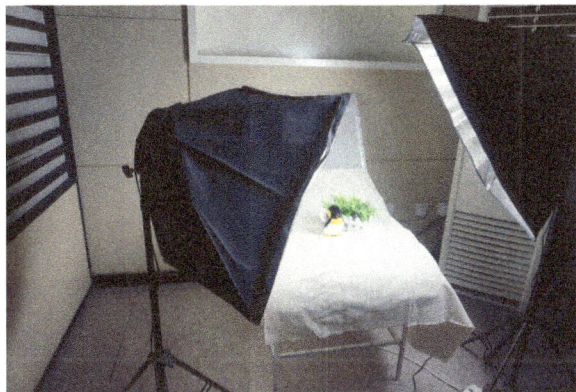

图 13.8   毛绒玩具的布光方案

图 13.9   绒毛的效果

图 13.10   喷壶拍摄的布光方案

立体反光体，将不锈钢电热杯放入柔光棚里，与周围物品隔开，光线均匀，不会出现影子，图片会更明亮，如图 13.11 所示。

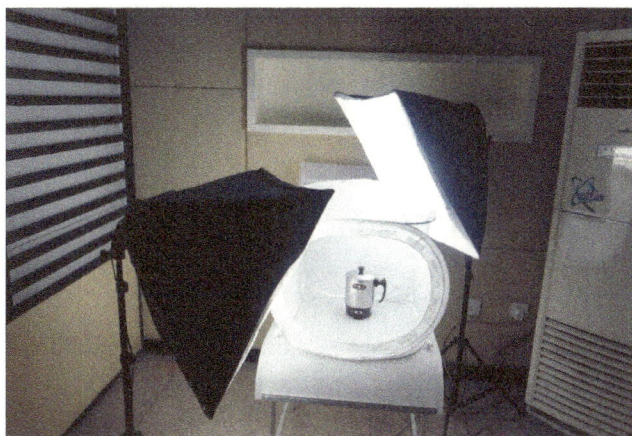

图 13.11   不锈钢电热杯的布光方案

非立体反光体，不锈钢勺布光利用高位侧逆光，找到合适的反射角度进行拍摄，如图 13.12 所示。

图 13.12　不锈钢勺的布光方案

透明商品，眼药水瓶布光用低位逆光和侧逆光，让透明的眼药水瓶体现出通透感，如图 13.13 所示。

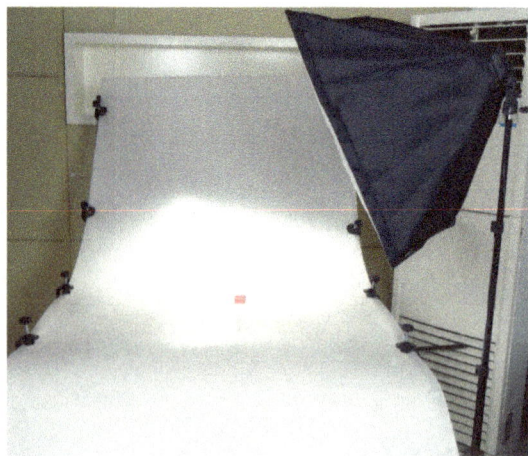

图 13.13　眼药水瓶的布光方案

2. 商品的布局与背景

（1）操作技术点

商品在进行布局和背景搭配时，要依据商品的用途搭建场景，在布局时结合商品的形状、大小、多少等方面特点，应用黄金分割法、三分构图法、中心点构图法、三角形构图法、对角线构图法、散点构图法、S 型构图法等多种方法来布局。

（2）具体拍摄布局与背景

全吸光体毛绒玩具，选用浅色碎花棉质背景布与毛绒玩具相呼应，给人以温馨感，为避免画面过于单调，在毛绒玩具后面的大片留白处摆放一组仿真绿植，如图 13.14 所示。

半吸光体喷壶是一种日用品，同样采用浅色碎花背景布搭配，因其本身色彩丰富、明亮，就不用再放置陪体，采用中心构图法，如图 13.15 所示。

图 13.14　毛绒玩具的布局与背景

图 13.15　喷壶的布局与背景

　　立体的反光商品不锈钢电热杯，在拍摄中，自身反光且容易映出其他物体，为体现出它的光泽，且无杂色，不再加背景，直接放置在柔光棚中，如图 13.16 所示。

　　非立体的反光商品不锈钢勺，商品较小，形状又长，考虑用途给它配上一个瓷盘，使画面生活化，给人以亲切感。从构图上，商品形状细长，用对角线构图法，瓷盘摆放在一角，如图 13.17 所示。

图 13.16　不锈钢电热杯的布局与背景

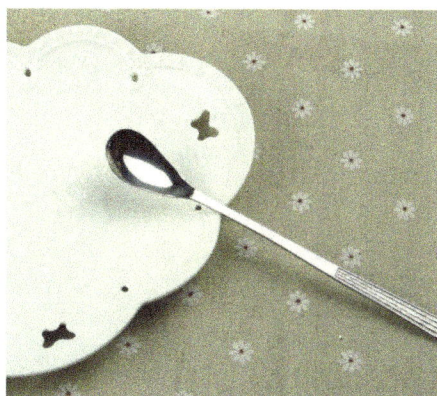

图 13.17　不锈钢勺的布局与背景

　　透明商品眼药水瓶，为体现其通透性，可以用白色倒影板加倒影效果，如图 13.18 所示。

图 13.18　眼药水瓶的布局与背景

3．相机的设置与拍摄

（1）操作技术点

相机设置：相机设置为 P 档，部分功能设置可根据实际情况进行调节，画面的亮度可通过曝光补偿来调节。

拍摄角度：要根据商品的高矮、形状、特点等来确定拍摄的角度。

（2）具体相机设置及拍摄角度

相机设置为 P 档，感光度 ISO 设置为 80，拍摄毛绒玩具时，曝光补偿设置为+1.0 EV，如图 13.19 所示。

拍摄角度控制在 30～45°之间，如图 13.20 所示。

图 13.19　毛绒玩具拍摄的相机设置

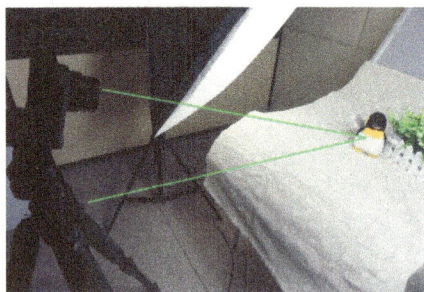

图 13.20　毛绒玩具的拍摄角度

拍摄喷壶时，曝光补偿设置为+0.7 EV，如图 13.21 所示。

拍摄角度控制在 45°左右，如图 13.22 所示。

图 13.21　喷壶拍摄的相机设置

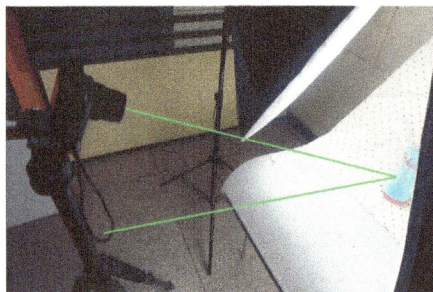

图 13.22　喷壶的拍摄角度

拍摄不锈钢电热杯时，曝光补偿设置为+0.3 EV，如图 13.23 所示。

拍摄角度控制在 45～60°之间，如图 13.24 所示。

图 13.23　不锈钢电热杯拍摄的相机设置

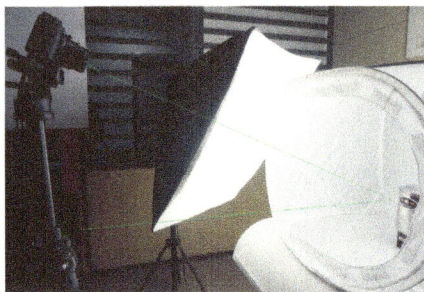

图 13.24　不锈钢电热杯的拍摄角度

拍摄不锈钢勺时，曝光补偿与不锈钢电热杯相同，设置为+0.3 EV。

拍摄角度控制在 60°左右，如图 13.25 所示。

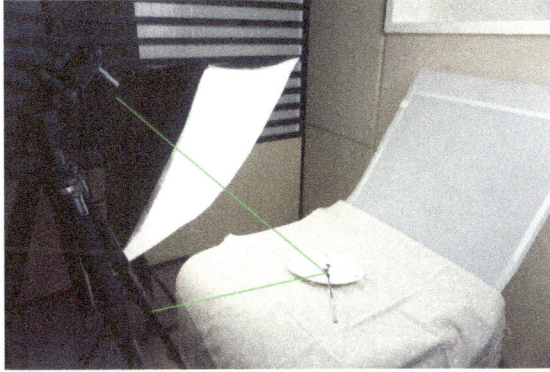

图 13.25   不锈钢勺的拍摄角度

拍摄眼药水瓶时，曝光补偿设置为+1.3EV，如图 13.26 所示。

拍摄角度控制在 60～75°之间，如图 13.27 所示。

图 13.26   眼药水瓶拍摄的相机设置

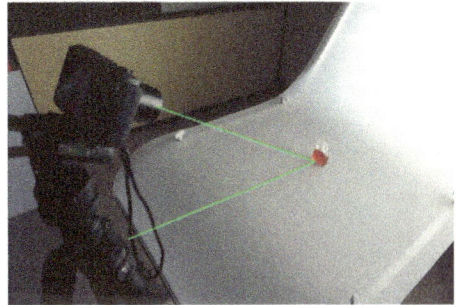

图 13.27   眼药水瓶的拍摄角度

评价方案

实训完成情况评价表

项 目	A 级	B 级	C 级	个人评价	同学评价	教师评价
布光	布光很合理、恰到好处	布光较合理	布光不太合理			
背景搭配	风格统一、视觉效果突出	视觉效果较突出	喧宾夺主、不合理			
构图	构图合理、主体突出	构图较合理、主体较突出	构图不合理			
角度	不变形、立体呈现	立体展示、基本不变形	不立体或变形			
清晰度	对焦精准、清晰	基本清晰，不影响使用	模糊			
学生互评评语						
教师总结评语						
组内总结						

任务扩展

完成如图 13.28 所示香水瓶及如图 13.29 所示腰带的拍摄。

1．拍摄准备：相机、三脚架、柔光灯（2 个）、倒影板、仿真浅色小花（1 束）。

2．注意事项：合理布光、布局，选择拍摄角度时要注意商品不可变形，突出主体。

图 13.28　透明体香水瓶的拍摄

图 13.29　吸光体腰带的拍摄

商品细节拍摄及微距应用

技能目标

■ 掌握不同材质细节的布光方法
■ 掌握商品细节的展示方法
■ 熟练掌握商品细节拍摄角度及布局

任务描述

　　商品的细节展示对网店来说非常重要，是证明商品品质的关键，买家要通过细节判断商品的优劣。不同的商品有不同的特点要展示，站在买家的角度上，分析买家想要看到的细节内容，再针对这些细节进行拍摄。本任务中，针对几种不同材质的商品，综合应用所学知识通过布光、布局及拍摄角度来突出展现其细节。任务效果图如图 14.1～图 14.4 所示。

图 14.1　毛巾材质的拍摄效果图

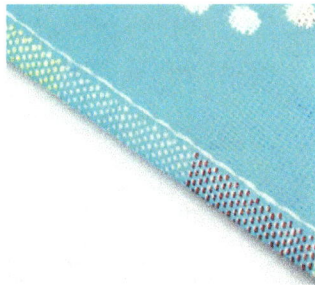

图 14.2　毛巾包边的拍摄效果图

图 14.3　指甲钳刀口的拍摄效果图

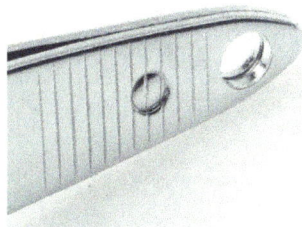

图 14.4　指甲钳细节的拍摄效果图

任务准备

拍摄前要准备相关的摄影器材、用于背景搭配的饰品，并整理学过的相关拍摄技巧及注意事项。

1. 拍摄设备及背景搭配饰品准备

相机、三脚架、柔光灯（2个）、金银反光板（1个）、白色倒影板（1块）。

2. 拍摄技巧及注意事项

（1）在通常情况下，细节的布光用柔光即可，如果要突出纹理，可考虑用硬光，因为硬光可以使物体表面微小的凹凸对比更为强烈。

（2）在拍摄细节时，几乎不用背景搭配，如果是物体边缘处的细节，一般用白色背景或单一颜色的背景，无需搭配太多装饰。

（3）细节的拍摄布局，要遵循构图要求，由于是近距或微距拍摄，种类较少，如毛巾的边缘可以采用对角线构图等。

实现步骤

1. 商品布光

（1）操作技术点

在毛巾实例中，要表现其面料、包边、标签，它的材质很特殊，主体的材质吸光而标签的材质又比较反光，在拍摄时采用柔光。

（2）具体布光方法

毛巾的布光方案如图14.5所示，双侧柔光灯，左侧作为主光，右侧作为辅光，光线比主光弱1/2，用来减弱阴影。此案例未用硬光，因为光线过强，会损失商品细节。

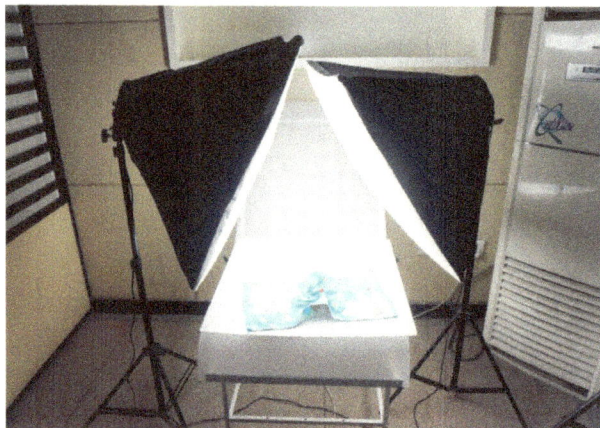

图14.5 毛巾的布光方案

指甲钳的布光方案如图14.6所示，左侧顺光（柔光灯），为45°，略高于商品，右侧不加灯，阴影处用反应板补光。

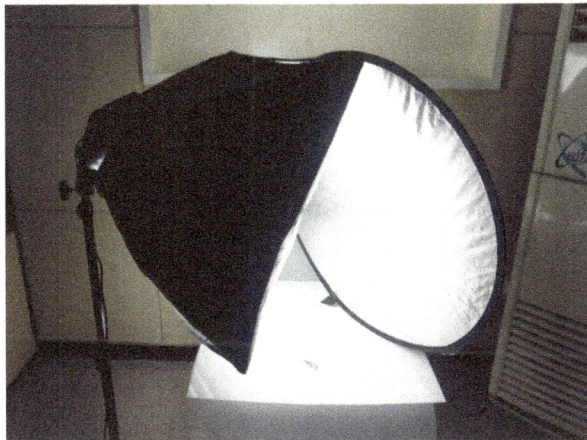

图 14.6　指甲钳的布光方案

2．商品的布局与背景

（1）操作技术点

在布局上，细节的拍摄构图相对简单，不宜夸张。近距及微距拍摄商品的局部位置，可以有简单的造型。单色背景即可，常用白色背景。

（2）具体拍摄布局与背景

毛巾的布局与背景如图 14.7 所示，为展示其柔软性的材质特点，做了一个漩涡的造型，使画面生动、材质突出。在展示其包边精致程度时，如图 14.8 所示用了对角线构图法，增强视觉效果。本例中的背景用的是白色倒影板。（图 14.7、图 14.8 为了展示造型和背景，焦距较远，在实际拍摄中，要拉近焦距。）

图 14.7　毛巾的布局与背景

图 14.8　毛巾的布局与背景

指甲钳的布局及背景如图 14.9、图 14.10 所示，背景为白色，布局只用商品自身，对角线构图，可以很好地突出商品的材质和功能（而对于特别细小的不好表现或与白色背景接近的商品，可以用套装盒做背景，既能突出主体，又能展现联系，但要注意虚化的背景不能喧宾夺主）。细节展示构图中，切忌横平竖直地摆放，太多的留白会造成很差的视觉效果。

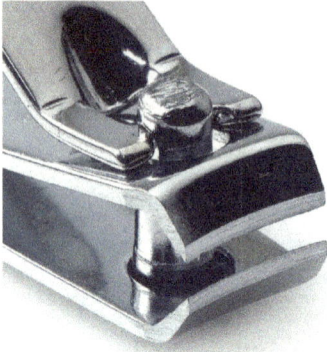

图 14.9　指甲钳的布局与背景　　　　　　　图 14.10　指甲钳的布局与背景

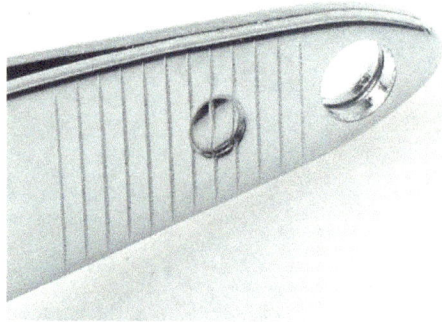

3. 相机的设置与拍摄

（1）操作技术点

相机设置：在近距与微距的拍摄中，有时不能对准要对焦的地方，这时不要选择多点对焦，可以选择灵活定点 AF，把重点位置定好，便可解决问题。

拍摄角度：根据商品细节拍摄的需要，常用的有 0°、30°、45°、90° 等不同的角度，要根据实际情况调整。

（2）具体相机设置及拍摄角度

毛巾的两个细节拍摄一致，相机设置为 P 档，感光度 ISO 设置为 80，曝光补偿设置为 +1.3EV，如图 14.11 所示。

图 14.11　毛巾拍摄的相机设置

材质展示时为体现柔软度，造型不变形，拍摄角度控制在 90° 左右，如图 14.12 所示。

包边细节拍摄时由于要拍摄的位置较近，相机不必调太高，角度比拍摄材质细节时稍小，如图 14.13 所示。

图 14.12　毛巾材质细节的拍摄角度　　　　图 14.13　包边细节的拍摄角度

拍摄指甲钳套装时，相机设置为 P 挡，感光度 ISO 设置为 80，曝光补偿设置为+1.7EV，如图 14.14 所示。

图 14.14　指甲钳细节拍摄的相机设置

拍摄指甲钳刀口细节时，拍摄角度控制在 20°左右，如图 14.15 所示。

指甲钳细节的拍摄，三脚架稍高些，拍摄角度控制在 30°左右，如图 14.16 所示。

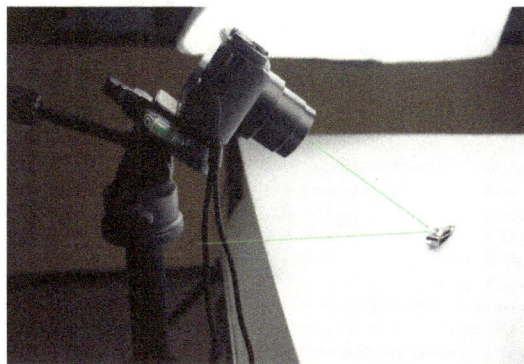

图 14.15　指甲钳刀口的拍摄角度　　　　图 14.16　指甲钳细节的拍摄角度

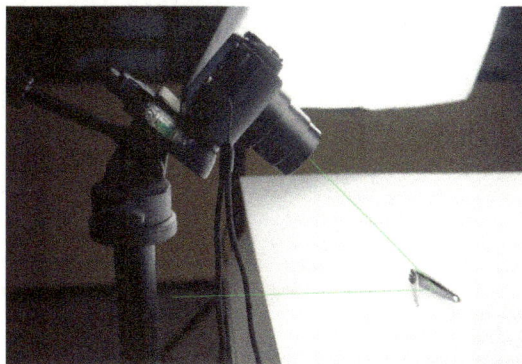

评价方案

实训完成情况评价表

项　目	A　级	B　级	C　级	个人评价	同学评价	教师评价
布光	布光很合理、恰到好处	布光较合理	布光不太合理			
背景搭配	风格统一、视觉效果突出	视觉效果较突出	喧宾夺主、不合理			
构图	构图合理、主体突出	构图较合理、主体较突出	构图不合理			
角度	不变形、立体呈现	立体展示、基本不变形	不立体或变形			
清晰度	对焦精准、清晰	基本清晰，不影响使用	模糊			
学生互评评语						
教师总结评语						
组内总结						

任务扩展

完成如图 14.17、图 14.18 所示夹子细节及如图 14.19 所示笔袋细节的拍摄。

1. 拍摄准备：相机、三脚架、柔光灯（2 个）、倒影板。
2. 注意事项：合理布光、布局，选择拍摄角度时要注意商品不可变形，突出主体。

图 14.17　夹子细节的拍摄

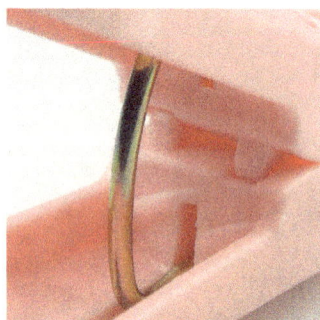

图 14.18　夹子细节的拍摄

图 14.19　笔袋细节的拍摄

店铺宝贝发布

技能目标

■ 了解宝贝发布对宝贝自然排名的重要性
■ 掌握宝贝运费模板设置方法
■ 掌握宝贝发布流程及注意事项

任务描述

宝贝发布是网店运营中非常重要的部分，是影响淘宝自然搜索流量的重要内容。宝贝发布过程中需要填写许多宝贝相关项，填写每一项都要细心，填写错误或不合适，不仅会影响宝贝排名，严重的会导致被降权，给宝贝和网店带来重大损失。本任务主要讲解宝贝发布界面的细节操作，宝贝标题如何命名有利于引入流量，正确填写宝贝属性给网店带来类目流量，合理定价可以增加商品竞争力，巧妙设置宝贝上架时间及橱窗推荐等。通过宝贝发布获取淘宝自然搜索流量，提升宝贝排名。

任务准备

1．淘宝店铺。
2．宝贝发布相关资料：宝贝主图（5 张）、制作好的宝贝详情。

实现步骤

以纸花球"魔术道具"为例，具体讲解宝贝发布流程。

1．设置运费模板

① 选择卖家中心左侧"物流管理"菜单中的"物流工具"功能选项，如图 15.1 所示。

② 在如图 15.2 所示的"物流工具"功能选项中选择"运费模板设置"，单击"新增运费模板"按钮，打开如图 15.3 所示"新增运费模板"工作窗口，输入"模板名称"，选择"宝贝地址""发货时间""计价方式""区域限售"等信息，选择"运送方式（如快递）"，设置配送到不同区域的运费。

□ 物流管理
　发货
　物流工具
　物流服务
　我要寄快递
　物流数据
　电子面单平台
　仓储管理

图 15.1 "物流管理"菜单

117

图 15.2 "物流工具"功能选项

图 15.3 "新增运费模板"工作窗口

③ 在"运送方式"区域设置默认运费的首重、收费额，续重、收费额，如图 15.4 所示。

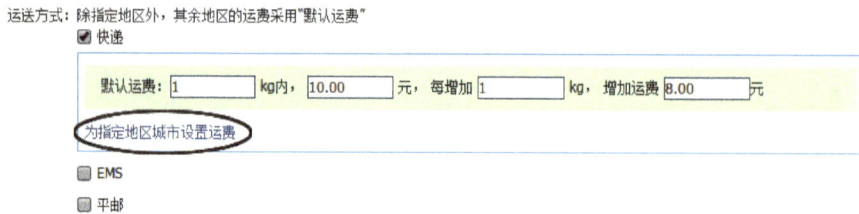

图 15.4 "运送方式"区域

④ 单击"为指定地区城市设置运费"按钮，展开如图 15.5 所示的功能框，单击"未添加地区"右侧的"编辑"按钮，展开如图 15.6 所示的"选择区域"界面，选择要设置运费的区域："北京""天津""河北"，单击"确定"按钮。

图 15.5 "为指定地区城市设置运费"功能框

图 15.6 "选择区域"界面

⑤ 在"为指定地区城市设置运费"功能框中对选择的区域设置首重、收费额，续重、收费额，如图 15.7 所示。

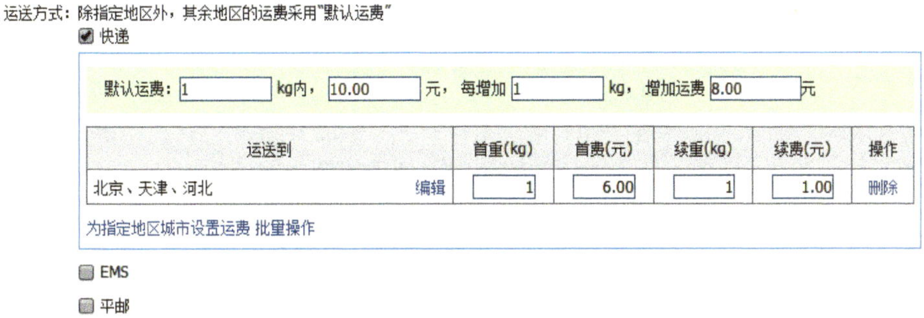

图 15.7 "为指定地区城市设置运费"界面

⑥ 以此类推可以设置其他区域的运费情况，完成"运送方式"区域设置，如图 15.8 所示。

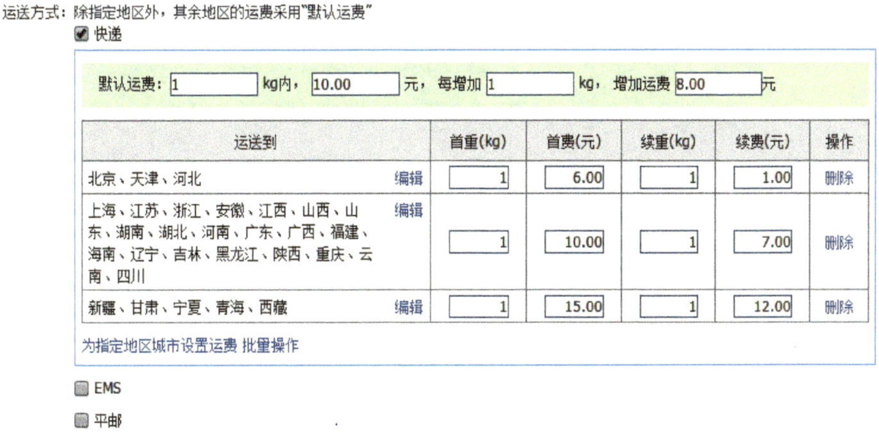

图 15.8 "运送方式"区域

2. 发布宝贝

① 选择宝贝类目

在"类目搜索"框中输入宝贝的核心关键词"魔术道具",即可搜索出宝贝最佳匹配类目:模玩/动漫/周边/cos/桌游 >> 聚会/魔术用品 >> 魔术杂技用具 >> 魔术道具,完成宝贝类目的选择,单击"我已阅读以下规则,现在发布宝贝"按钮,如图15.9所示。

图15.9 "类目搜索"界面

② 填写宝贝属性

进入"宝贝基本信息"功能区,选择宝贝类型为"全新",填写宝贝相关属性,如图15.10所示。

图15.10 "宝贝基本信息"功能区

③ 整理关键词列表,填写宝贝标题

输入核心关键词"魔术道具",通过关键词搜索下拉框、"您是不是想找"功能、宝贝流行元素等途径搜索大量宝贝关键词,如图15.11~图15.13所示,将得到的关键词整理到

Excel 文档中，如图 15.14 所示。

图 15.11   关键词搜索下拉框

图 15.12   "您是不是想找"功能

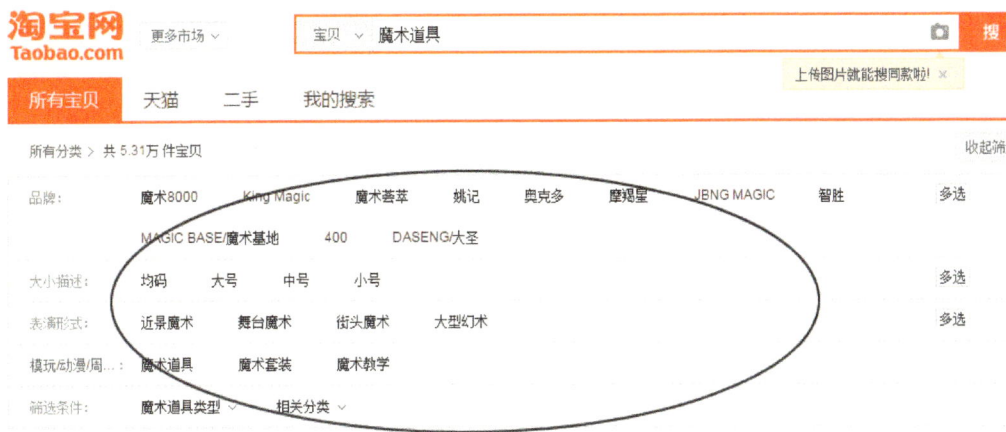

图 15.13   宝贝流行元素

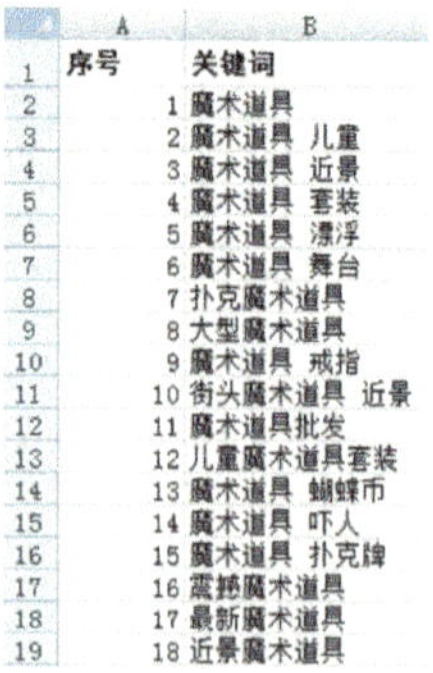

图 15.14　关键词列表

填写宝贝标题，如图 15.15 所示。

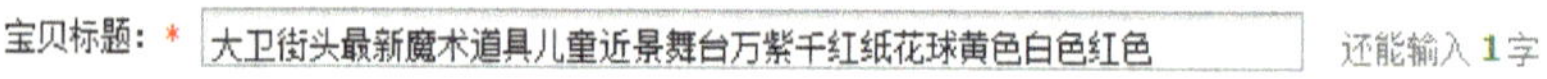

宝贝标题：＊ | 大卫街头最新魔术道具儿童近景舞台万紫千红纸花球黄色白色红色 |　　还能输入 1 字

图 15.15　"宝贝标题"

④ 输入宝贝价格

输入宝贝价格，如图 15.16 所示。

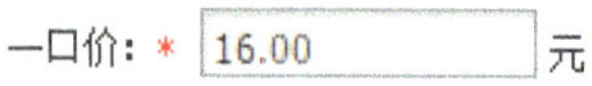

一口价：＊ | 16.00 | 元

图 15.16　"宝贝价格"

⑤ 设置宝贝规格

在"宝贝规格"功能区中设置宝贝规格，如图 15.17 所示。

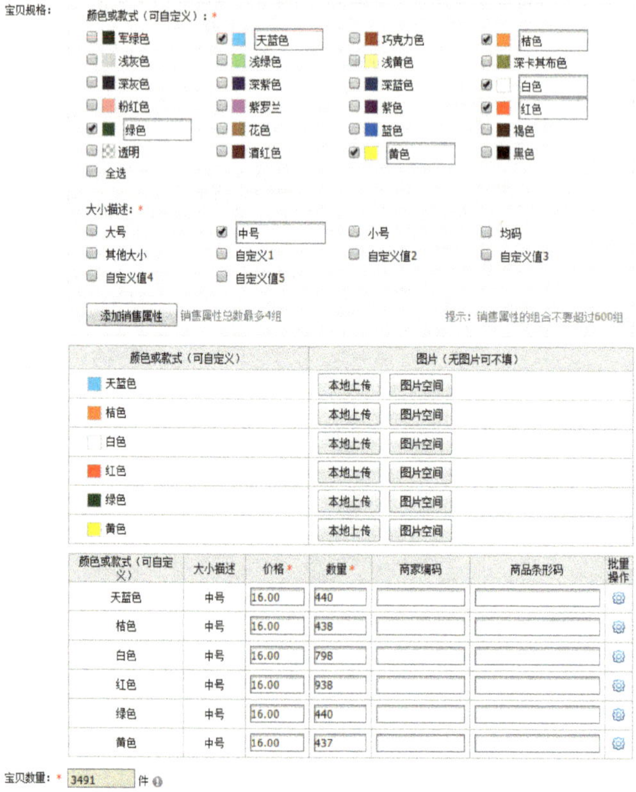

图 15.17　"宝贝规格"功能区

⑥ 上传宝贝图片及详情

上传制作好的宝贝主图和宝贝详情，如图 15.18 所示。

图 15.18　"宝贝图片"和"宝贝描述"

⑦ 选择运费模板

为宝贝选择运费，如图 15.19 所示。

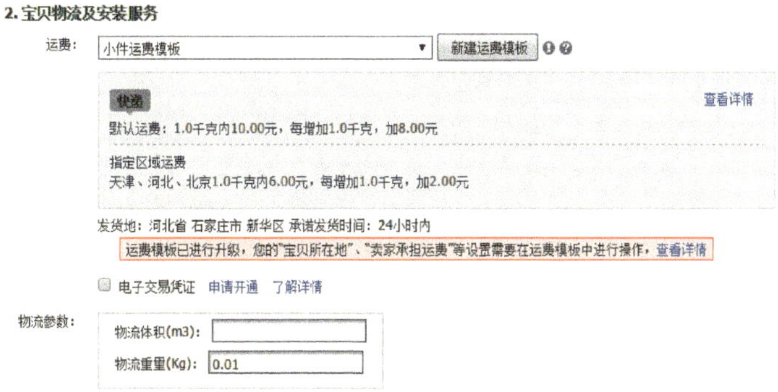

图 15.19　"宝贝物流及安装服务"

⑧ 设置宝贝的上架时间

设置宝贝上架的"开始时间",如图 15.20 所示。

库存计数:	⦿ 拍下减库存 ⓘ
	○ 付款减库存 ⓘ
有效期:	⦿ 7天　💡 即日起全网一口价宝贝的有效期统一为7天
开始时间:	⦿ 立刻
	○ 设定　2017年1月11日 ▼　11 ▼ 时　10 ▼ 分 ⓘ
	○ 放入仓库

图 15.20　宝贝上架的"开始时间"

⑨ 将宝贝设置为橱窗推荐,如图 15.21 所示。最后单击"发布"按钮,完成宝贝的发布。

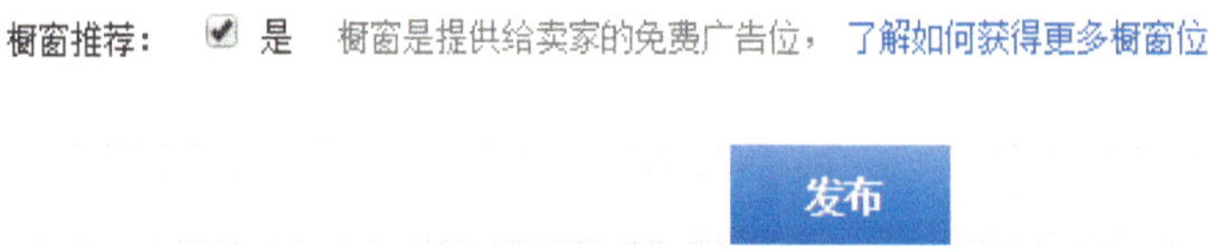

橱窗推荐:　☑ 是　橱窗是提供给卖家的免费广告位,了解如何获得更多橱窗位

发布

图 15.21　宝贝"橱窗推荐"

评价方案

实训完成情况评价表

评 价 项 目	良　好	一　般	差
宝贝类目选择的准确性			
宝贝属性填写完整性			
宝贝标题的填写			
宝贝规格的填写			
运费模板的设置			
上架时间和橱窗推荐设置			

任务扩展

完成店铺其他宝贝的上架发布。

宝贝优化管理

任务描述

宝贝日常优化管理工作是淘宝店日常管理的主要工作。要定期对店铺宝贝做的优化工作有调整宝贝库存数据、调整宝贝上下架状态、调整宝贝橱窗推荐状态、调整宝贝的价格等，始终确保宝贝拥有一个良好的排名状态，避免由于缺货等因素产生的退款率对宝贝排名产生不良影响。同时，要及时诊断宝贝促销活动信息，查看店铺后台宝贝的各项促销活动设置情况，包括限时折扣、淘金币、店铺红包等促销活动。还要浏览宝贝页面，查看促销活动运行情况，及时调整促销活动以吸引顾客，给店铺带来更多流量。总之，宝贝日常优化管理就是通过每天观察宝贝情况，进而优化调整，让宝贝有一个健康的销售状态。

任务准备

1．淘宝店铺，其中店铺宝贝已经上架。
2．用于设置店铺促销活动的资金。

实现步骤

登录淘宝账号，单击"卖家中心"，进入如图 16.1 所示的"卖家中心"界面。单击左侧"宝贝管理"功能区中"出售中的宝贝"选项，打开如图 16.2 所示的"出售中的宝贝"功能区，就可以对所有在线宝贝进行优化管理了。

1．调整宝贝库存数据

调整店铺所有宝贝的库存数据，对于一些颜色、尺码出现的断货情况，及时修改宝贝库存数据。单击"编辑库存"选项，弹出如图 16.3 所示的宝贝库存数据窗口，修改数据后单击"保存"按钮。

图 16.1 "卖家中心"界面

图 16.2 "出售中的宝贝"功能区

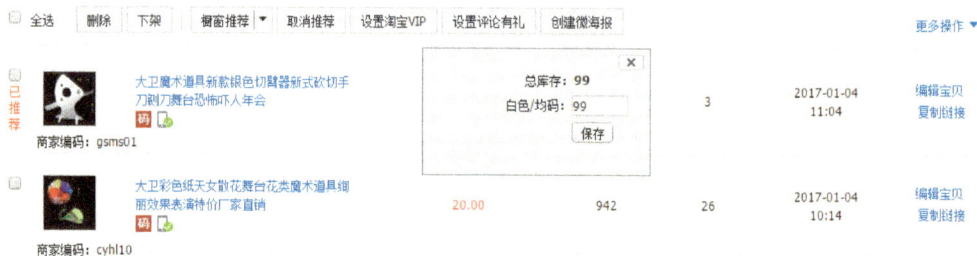

图 16.3 宝贝库存数据窗口

2．调整宝贝上下架状态

对于售空的宝贝，或者过季不准备再进行销售的宝贝，要及时进行下架处理。选中要下架的宝贝，单击"下架"按钮，如图 16.4 所示。

图 16.4　下架宝贝

选择"宝贝管理"功能区中的"仓库中的宝贝"选项，可以将其中的宝贝进行"上架"，选中宝贝，单击"上架"按钮，如图 16.5 所示。

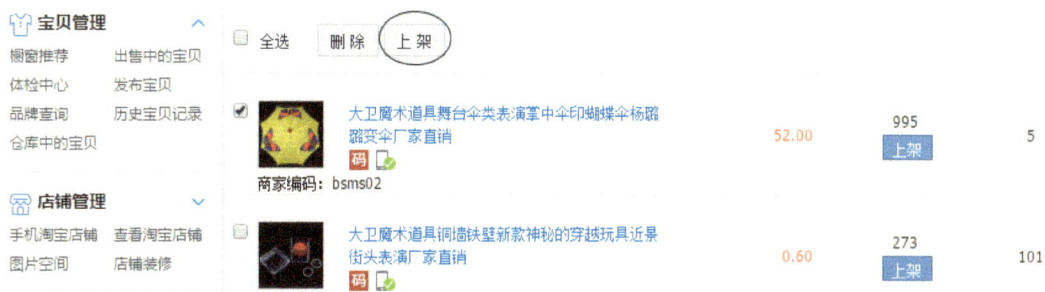

图 16.5　上架宝贝

3．调整宝贝橱窗推荐状态

被橱窗推荐的宝贝在排名上有很大优势。要关注店铺宝贝的橱窗推荐情况，确保每天即将下架的宝贝被橱窗推荐。单击"出售中的宝贝"中的"发布时间"，如图 16.6 所示。可以浏览到今天即将下架的宝贝，勾选"全选"，然后单击"橱窗推荐"按钮，如图 16.7 所示。

图 16.6　宝贝"发布时间"

图 16.7　宝贝"橱窗推荐"

4．调整宝贝价格

如果需要修改宝贝价格，单击"编辑价格"，弹出宝贝价格数据窗口，修改价格后单击"保存"按钮，如图 16.8 所示。

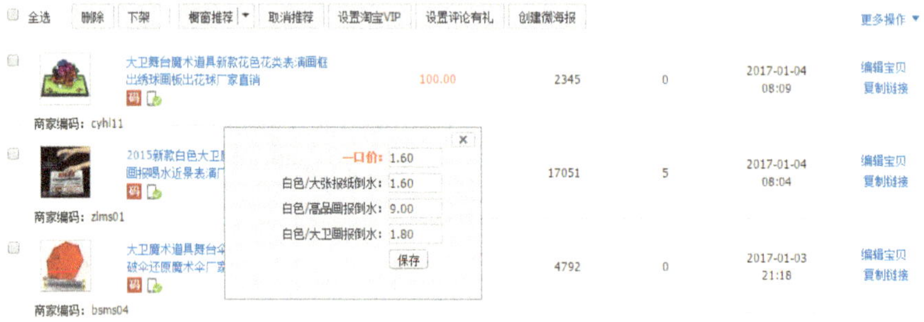

图 16.8　宝贝价格数据窗口

5．优化宝贝促销活动

由于店铺促销活动有时间限制，因此要定期检查优化。

（1）限时折扣活动管理

① 登录卖家中心，进入淘宝管理后台。

② 单击左侧的"我订购的应用"，打开如图 16.9 所示的"我订购的应用"窗口，选择"美折促销"。

图 16.9　"我订购的应用"窗口

③ 进入如图 16.10 所示的"美折促销"活动界面，此时显示的是店铺正在进行的活动。要特别注意店铺活动力度及活动时间期限，及时对正在进行的活动进行优化调整，或者添加促销活动商品等。

图 16.10 "美折促销"活动界面

（2）淘金币活动管理

① 选择"卖家中心"左侧"营销中心"功能区中的"金币换流量"选项，如图 16.11 所示。

图 16.11 "营销中心"功能区

② 在如图 16.12 所示的"淘金币卖家服务中心"界面单击"金币工具"菜单，打开如图 16.13 所示的"金币工具"功能区，观察店铺的淘金币收支趋势图，以及所有设置的淘金币活动的运营状况。根据数据分析，综合考虑店铺运营状况，及时对各项活动进行优化调整。

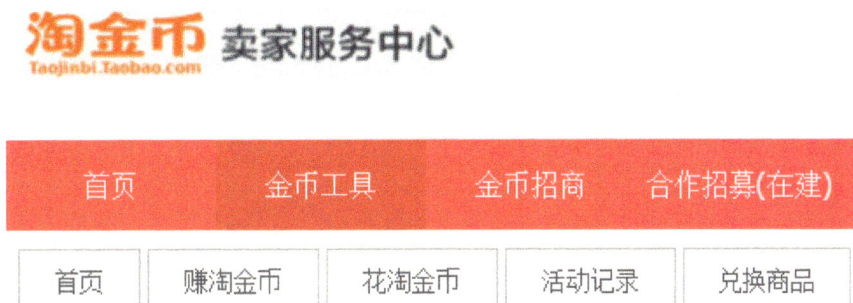

图 16.12 "淘金币卖家服务中心"界面

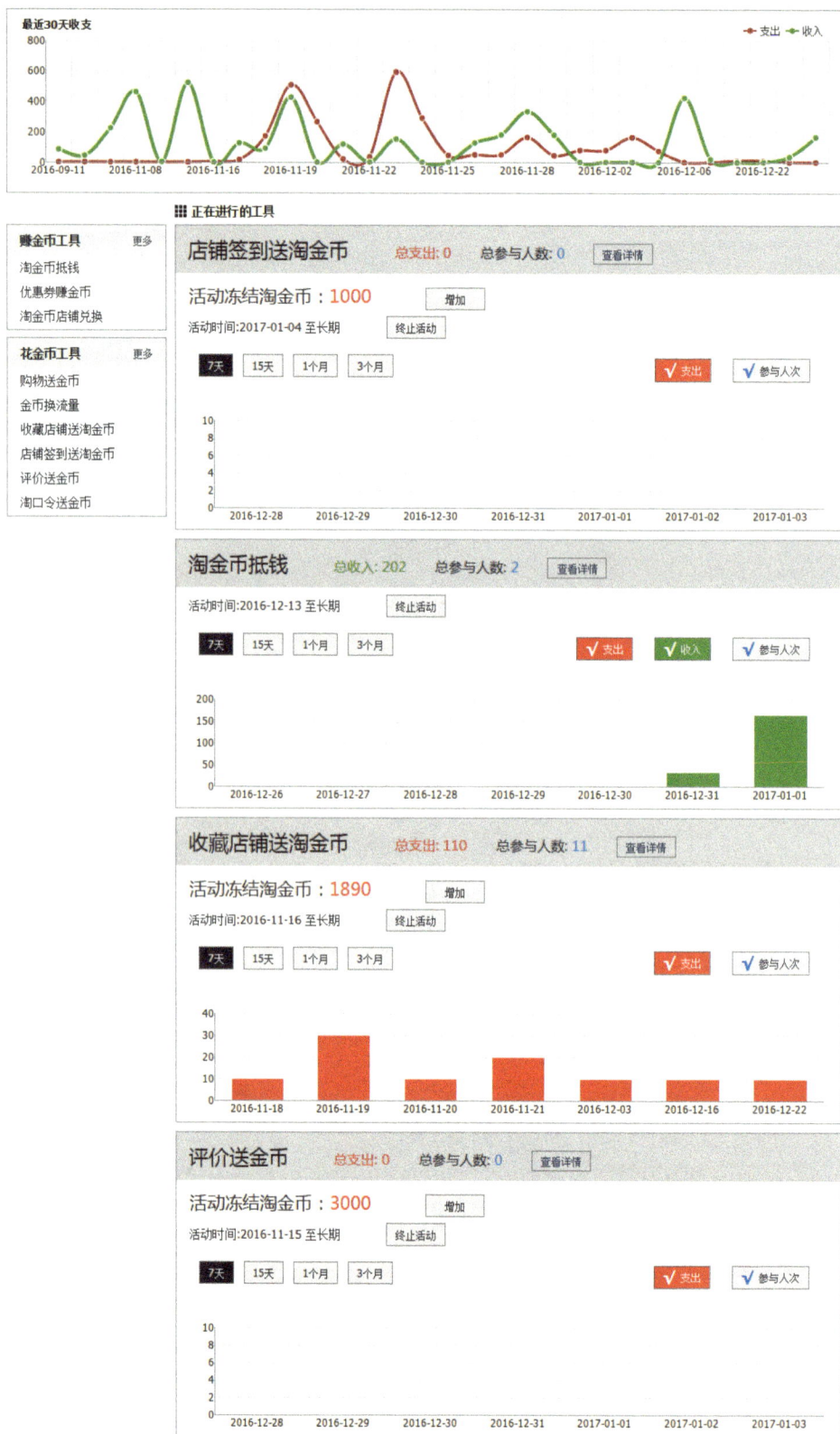

最近30天收支
支出 收入

正在进行的工具

赚金币工具 更多
淘金币抵钱
优惠券赚金币
淘金币店铺兑换

花金币工具 更多
购物送金币
金币换流量
收藏店铺送淘金币
店铺签到送淘金币
评价送金币
淘口令送金币

店铺签到送淘金币 总支出:0 总参与人数:0 查看详情

活动冻结淘金币:1000 增加

活动时间:2017-01-04 至长期 终止活动

7天 15天 1个月 3个月 √支出 √参与人次

淘金币抵钱 总收入:202 总参与人数:2 查看详情

活动时间:2016-12-13 至长期 终止活动

7天 15天 1个月 3个月 √支出 √收入 √参与人次

收藏店铺送淘金币 总支出:110 总参与人数:11 查看详情

活动冻结淘金币:1890 增加

活动时间:2016-11-16 至长期 终止活动

7天 15天 1个月 3个月 √支出 √参与人次

评价送金币 总支出:0 总参与人数:0 查看详情

活动冻结淘金币:3000 增加

活动时间:2016-11-15 至长期 终止活动

7天 15天 1个月 3个月 √支出 √参与人次

图 16.13 "金币工具"功能区

（3）店铺红包活动管理

① 选择"营销中心"功能区中的"店铺营销中心"选项，如图 16.14 所示。

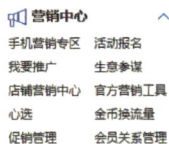

图 16.14　选择"店铺营销中心"选项

② 在"店铺营销中心"功能区中选择"热门营销工具"中的"店铺红包"选项，如图 16.15 所示。

图 16.15　"热门营销工具"功能区

③ 在如图 16.16 所示的"店铺红包"界面中选择"活动管理"选项。

图 16.16　"店铺红包"界面

④ 观察店铺红包设置记录，可以增加新的活动或根据需要终止进行中的活动，如图 16.17 所示。

图 16.17　"活动管理"选项

评价方案

实训完成情况评价表

评 价 项 目	良　　好	一　　般	差
宝贝库存优化状况			
宝贝上下架优化状况			
宝贝橱窗推荐优化状况			
限时折扣活动优化状况			
淘金币活动优化状况			
店铺红包活动优化状况			

任务扩展

查看店铺设置的其他优惠活动，并进行优化调整。

宝贝标题优化

- 了解宝贝标题优化对自然搜索的重要性
- 掌握使用生意参谋优化关键词的方法
- 掌握宝贝标题优化效果评价及注意事项

任务描述

宝贝标题优化是店铺管理中一项非常重要的日常工作，定期对标题进行优化，不仅能够提升宝贝免费流量，也是提高转化的关键点。通过观察淘宝平台热门关键词的更新变化，参考"生意参谋"中的引流关键词数据、行业相关搜索词数据，甄选出适合自身宝贝的潜力股关键词、精准关键词，最终实现标题优化的效果。

任务准备

1. 完成宝贝上架的店铺。
2. 订购淘宝"生意参谋"工具。

实现步骤

1. 搜集淘宝平台热搜词

随季节和节日的变化，淘宝平台的热搜词也在不断更新变化，因此要对宝贝标题定期进行调整优化。以一款魔术道具为例，宝贝原标题为"大卫正品魔术道具红色火把变玫瑰花近景魔术超能道具送礼佳品直销"，如图 17.1 所示。在搜索框中输入"魔术道具"，注意观察"搜索"下拉框中热门关键词的变化，由于临近 2 月 14 日情人节，"情人节礼物"是宝贝当前的热搜词，如图 17.2 所示。

2. 用"生意参谋"优化关键词

"生意参谋"是宝贝标题后期优化的重要参考工具，通过该工具可以查看前期宝贝标题的引流情况，为后期优化提供有力依据。

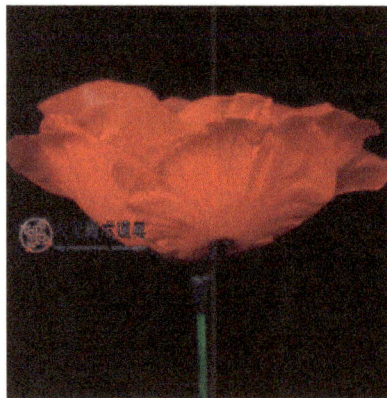

图 17.1　魔术道具

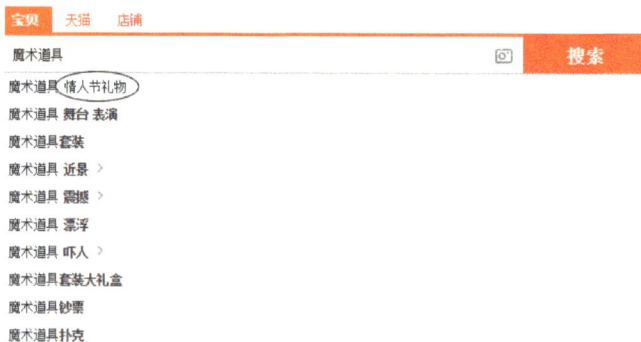

图 17.2　"搜索"下拉框

（1）获取引流搜索词数据

① 单击"卖家中心"，进入淘宝店铺后台，选择左侧工作栏"营销中心"功能区中的"生意参谋"选项，如图 17.3 所示。

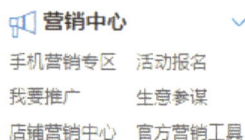

图 17.3　"营销中心"功能区

② 选择"生意参谋"界面"专题工具"功能区中的"选词助手"选项，如图 17.4 所示。

图 17.4　"生意参谋"界面

③ 选择"选词助手"界面中的"引流搜索词"选项，如图 17.5 所示，可以看到近期店铺的重要引流关键词，包括店外搜索关键词和店内搜索关键词，这里重点关注店外搜索关键词。

选词助手　关键词分析器，引流、转化、全网热搜趋势，一网打尽。进入我的收藏>>

| 引流搜索词　行业相关搜索词 | | | | | | PC　无线 |

店外搜索关键词　日期 ∨　2017-01-04~2017-01-04　指标 ∨　⤓下载

搜索词	带来的访客数 ⇕	引导下单转化率 ⇕	全网搜索热度 ⇕	全网点击率 ⇕	全网商品数 ⇕	操作
旋转螺丝魔术	2	0.00%	1	1000.00%	9	☆收藏 详情分析
白色魔术鸽	1	0.00%	2	100.00%	24	☆收藏 详情分析
呢的魔术道具	1	0.00%	3	166.67%	1,527	☆收藏 详情分析
色子交换	1	0.00%	2	100.00%	8	☆收藏 详情分析
魔术道具	1	0.00%	1,474	281.61%	109,666	☆收藏 详情分析

1 共1页

店内搜索关键词　日期 ∨　2017-01-04~2017-01-04　指标 ∨　⤓下载

搜索词	店内搜索次数 ⇕	店内搜索人数 ⇕	搜索结果页点击次数 ⇕	搜索结果页点击率 ⇕	引导下单转化率 ⇕	操作

ⓘ 暂无关键词!

1 共1页

图 17.5 "选词助手"界面

④ 选择右上角的"PC"选项，如图 17.6 所示，查看 PC 端"引流搜索词"数据。

PC　无线

日期 ∨　2017-01-04~2017-01-04　指标 ∨　⤓下载

图 17.6 "PC"选项

⑤ 选择"日期"中的"最近 7 天"选项，如图 17.7 所示，查看宝贝最近 1 周的数据。

图 17.7 "最近 7 天"选项

⑥ 选择"指标"选项中的"带来的访客数""引导下单转化率""全网搜索热度""全网商品数""全网点击率",如图 17.8 所示。

图 17.8 "指标"选项

⑦ 界面下方更新显示了最近 1 周 PC 端"引流搜索词"的数据统计,如图 17.9 所示。

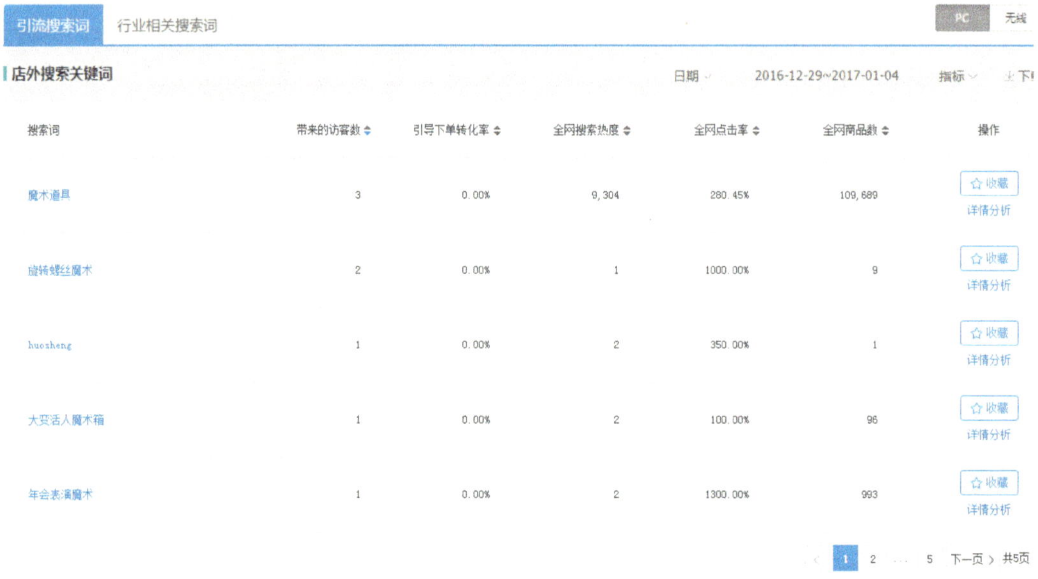

搜索词	带来的访客数	引导下单转化率	全网搜索热度	全网点击率	全网商品数	操作
魔术道具	3	0.00%	9,304	280.45%	109,689	☆收藏 详情分析
旋转螺丝魔术	2	0.00%	1	1000.00%	9	☆收藏 详情分析
huosheng	1	0.00%	2	350.00%	1	☆收藏 详情分析
大变活人魔术箱	1	0.00%	2	100.00%	96	☆收藏 详情分析
年会表演魔术	1	0.00%	2	1300.00%	993	☆收藏 详情分析

图 17.9 PC 端"引流搜索词"数据

⑧ 选择右上角的"无线"选项，获取无线端"引流搜索词"数据，如图 17.10 所示。

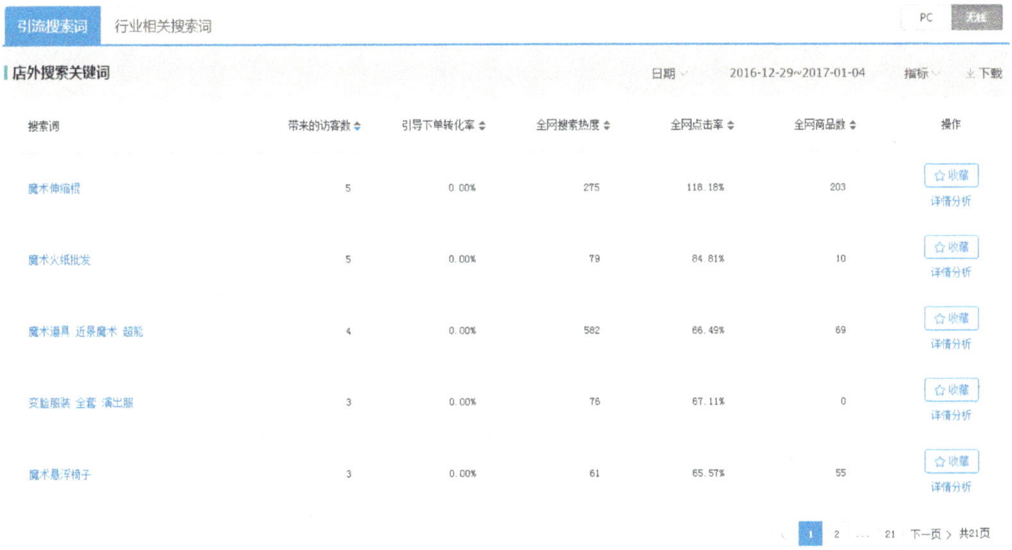

引流搜索词	行业相关搜索词					PC 无线
店外搜索关键词				日期 2016-12-29~2017-01-04		指标 下载
搜索词	带来的访客数 ⇕	引导下单转化率 ⇕	全网搜索热度 ⇕	全网点击率 ⇕	全网商品数 ⇕	操作
魔术伸缩棍	5	0.00%	275	118.18%	203	☆收藏 详情分析
魔术火纸批发	5	0.00%	79	84.81%	10	☆收藏 详情分析
魔术道具 近景魔术 超能	4	0.00%	582	66.49%	69	☆收藏 详情分析
变脸服装 全套 演出服	3	0.00%	76	67.11%	0	☆收藏 详情分析
魔术悬浮椅子	3	0.00%	61	65.57%	55	☆收藏 详情分析

1　2　……　21　下一页 >　共21页

图 17.10　无线端"引流搜索词"数据

⑨ 按"带来的访客数"降序排列，如图 17.11 所示，排在前面的关键词都是店铺的高引流关键词。结合"引导下单转化率"观察，如果下单转化率比较高，该关键词就是店铺的优质关键词，如"魔术道具、近景魔术、超能"，这些关键词是能提升宝贝权重的关键词，在优化调整时要保留。

店外搜索关键词		
搜索词	带来的访客数 ⇕	引导下单转化率 ⇕
魔术伸缩棍	5	0.00%
魔术火纸批发	5	0.00%
魔术道具 近景魔术 超能	4	100.00%
变脸服装 全套 演出服	3	0.00%
魔术悬浮椅子	3	0.00%

图 17.11　按"带来的访客数"降序排列结果

（2）获取行业相关搜索词数据

① 选择"选词助手"界面中的"行业相关搜索词"选项，如图 17.12 所示。选择右上角的"PC"选项，查看 PC 端行业相关搜索词数据。

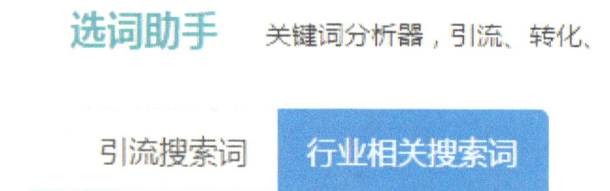

选词助手　关键词分析器，引流、转化、

引流搜索词　　行业相关搜索词

图 17.12　"选词助手"界面

② 选择"日期"中的"最近 7 天"选项，查看宝贝最近 1 周的数据。选择"指标"选项中的"全网搜索热度""全网搜索热度变化""全网点击率""全网商品数""直通车平均点击单价"，如图 17.13 所示。

| 日期 ∨ | 2016-12-29~2017-01-04 | 指标 ∧ |

全网数据：
☑ 全网搜索热度　　☑ 全网搜索热度变化
☐ 全网搜索人气　　☐ 全网搜索人气变化
☐ 商城点击占比　　☑ 全网点击率
☑ 全网商品数　　☑ 直通车平均点击单价

已选择5项　　　　　　　　　　确定

图 17.13　"指标"选项

③ 在"行业相关搜索词"界面搜索框中输入"魔术道具"，如图 17.14 所示。

引流搜索词　行业相关搜索词

魔术道具　　　　　　　　　　　　Q查看

推荐：旋转螺丝魔… | 白色魔术鸽 | 笔的魔术道… | 魔术道具　　　行业关键词榜>>

图 17.14　"行业相关搜索词"界面

④ 界面下方更新显示了最近 1 周 PC 端"行业相关搜索词"数据，如图 17.15 所示。

⑤ 选择右上角的"无线"选项，获取无线端行业相关搜索词数据，如图 17.16 所示。

引流搜索词 | 行业相关搜索词　　PC | 无线

魔术道具　　Q查看

推荐：旋转蝴丝魔… | 白色魔术鸽 | 笔的魔术道… | 魔术道具　　行业关键词榜>>

行业相关搜索词　　日期　2016-12-29~2017-01-04　指标　下载

搜索词	全网搜索热度	全网搜索热度变化	全网点击率	全网商品数	直通车平均点击单价	操作
魔术道具	9,304	↓8.69%	280.45%	109,689	0.23	收藏
魔术	2,770	↓7.85%	259.28%	1,028,431	0.18	收藏
道具	1,382	↓15.21%	84.66%	1,618,024	0.63	收藏
魔术道具 漂浮	169	↓14.65%	169.82%	7,624	0.1	收藏
魔术牌	141	↑7.63%	201.42%	32,958	0.51	收藏

1 2 … 9 下一页 > 共9页

图 17.15　PC 端“行业相关搜索词”列表

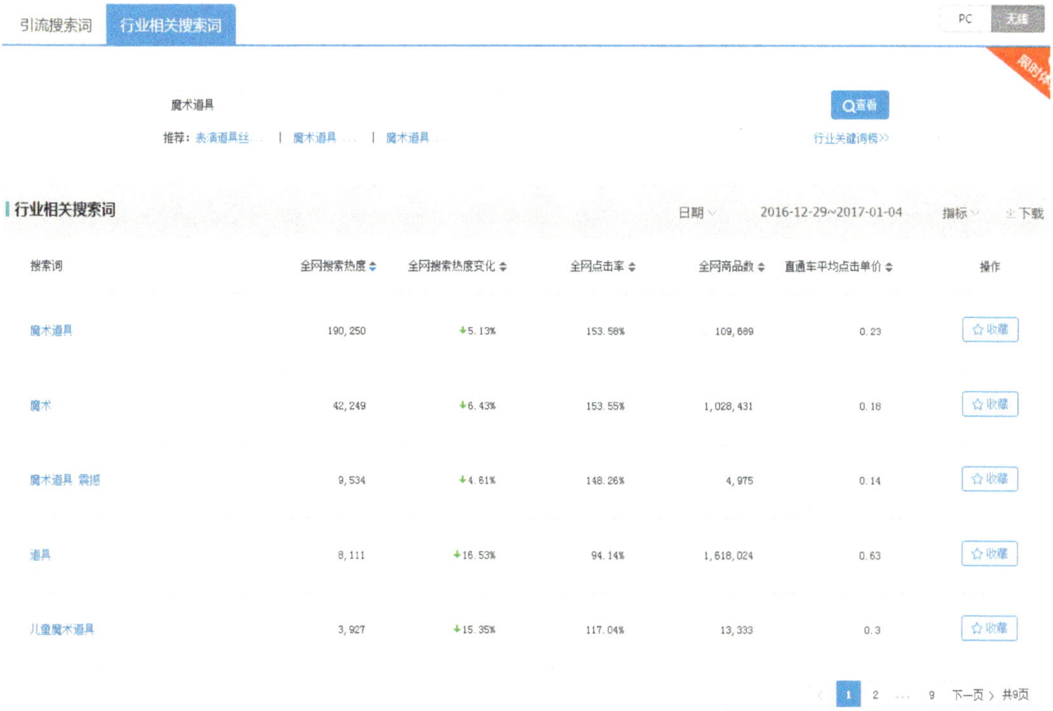

引流搜索词 | 行业相关搜索词　　PC | 无线

魔术道具　　Q查看

推荐：表演道具丝… | 魔术道具… | 魔术道具…　　行业关键词榜>>

行业相关搜索词　　日期　2016-12-29~2017-01-04　指标　下载

搜索词	全网搜索热度	全网搜索热度变化	全网点击率	全网商品数	直通车平均点击单价	操作
魔术道具	190,250	↓5.13%	153.58%	109,689	0.23	收藏
魔术	42,249	↓6.43%	153.55%	1,028,431	0.18	收藏
魔术道具 震撼	9,534	↓4.61%	148.26%	4,975	0.14	收藏
道具	8,111	↓16.53%	94.14%	1,618,024	0.63	收藏
儿童魔术道具	3,927	↓15.35%	117.04%	13,333	0.3	收藏

1 2 … 9 下一页 > 共9页

图 17.16　无线端“行业相关搜索词”列表

⑥ 按"全网搜索热度变化"降序排列，如图 17.17 所示，排在前面的关键词都是淘宝平台搜索人气上升的词。结合"全网搜索热度"及"全网商品数"观察，如果该词有一定的搜索热度，在全网商品数量不太大的情况下，该词可以作为宝贝优化潜力股关键词，如"魔术大师道具""街头魔术道具"，在优化调整时，把这些词融入标题中。

行业相关搜索词				日期 ∨　20
搜索词	全网搜索热度 ⇕	全网搜索热度变化 ⇕	全网点击率 ⇕	全网商品数 ⇕
魔术大师道具	2147	↑14.63%	82.98%	2,972
成人魔术道具	81	↑9.46%	161.73%	915
街头魔术道具	3121	↑8.04%	222.31%	2,144
婚礼魔术道具	43	↑7.50%	102.33%	1,212
心灵魔术道具	152	↑4.11%	190.13%	6,529

图 17.17　按"全网搜索热度变化"降序排列结果

3．优化调整标题

调整优化前的标题为"大卫正品魔术道具红色火把变玫瑰花近景魔术超能道具送礼佳品直销"。通过淘宝平台搜索发现，"情人节礼物"是宝贝当前的热搜词，利用"生意参谋"工具数据分析表明"魔术道具、近景魔术、超能"是宝贝引流关键词，予以保留，而"魔术大师道具、街头魔术道具"是宝贝潜力股关键词，需要融入标题中，因此，将宝贝标题优化调整为"街头魔术道具火把变玫瑰花近景魔术超能魔术大师道具情人节礼物"。

4．优化效果评价

改完标题后，通过"生意参谋"中的"店外引流搜索词"持续观察 1 周店铺流量，从而评估出宝贝标题调整优化之后搜索流量的变化，主要观察以下 3 个方面。

（1）新增关键词有没有出现在引流搜索词列表中，判断标题里的新词是否能带来更多流量和展现。

（2）点击率是否提高，判断新增关键词是否更加精准。

（3）转化率变化，如果搜索流量变小，但是因为精准，成交变多了，那么这些新词带来的优化效果也是不错的。

评价方案

实训完成情况评价表

评 价 项 目	良　　好	一　　般	差
淘宝平台热搜词收集效果			
店外引流搜索词整理效果			
行业相关搜索词整理效果			
宝贝最终优化效果			

任务扩展

对店铺其他宝贝标题优化调整。

任务 18

宝贝上下架时间优化

技能目标

- 了解宝贝下架时间对自然搜索排名的重要性
- 掌握使用工具查看竞争对手的宝贝下架时间
- 掌握优化宝贝上下架时间的方法

任务描述

宝贝上下架时间优化是店铺优化的一项重要工作，在淘宝平台"综合排序"中，宝贝下架时间是影响宝贝排名的重要因素。尤其对于一些新店来说，在前期没有投入太多付费推广的情况下，需要抓住每一个能将顾客引入店铺的机会。本任务通过诊断店铺宝贝下架时间存在的问题，参考竞争对手的下架时间，分析出宝贝的最优上架时间，最终实现对宝贝上下架时间的优化。

任务准备

1. 完成宝贝上架的店铺。
2. "店侦探"插件。

实现步骤

1. 诊断宝贝上下架时间

登录店铺，进入卖家中心，选择左侧工作栏"宝贝管理"中的"出售中的宝贝"选项，可以看到店铺"出售中的宝贝"的相关信息，如图 18.1 所示，其中"发布时间"即宝贝上架时间。观察发现，部分宝贝上架时间过于集中、随意，浪费了下架时间引流的宝贵资源。

2. 分析竞争对手的下架时间

宝贝即将下架时，淘宝平台会给予宝贝一个靠前的排名位置，如果宝贝下架时间安排巧妙，错开竞争对手的下架时间，那么就极有可能被排到首页。以一款魔术道具为例，该宝贝原本的发布时间为 2017-01-06 05:15，如图 18.2 所示。

图 18.1　"出售中的宝贝"相关信息

图 18.2　宝贝发布时间

（1）"店侦探"插件下载和安装

分析竞争对手下架时间的数据，需要用到"店侦探"插件。

① 打开谷歌浏览器，输入网址，如图 18.3 所示。

图 18.3　"看店宝"首页

② 右击"谷歌浏览器 Chrome"右侧的"下载插件（需点击右键>链接另存为）"，选择"链接另存为"选项，如图 18.4 所示。

图 18.4 "下载插件"功能列表

③ 为插件指定一个存储位置，单击"保存"按钮，如图 18.5 所示。

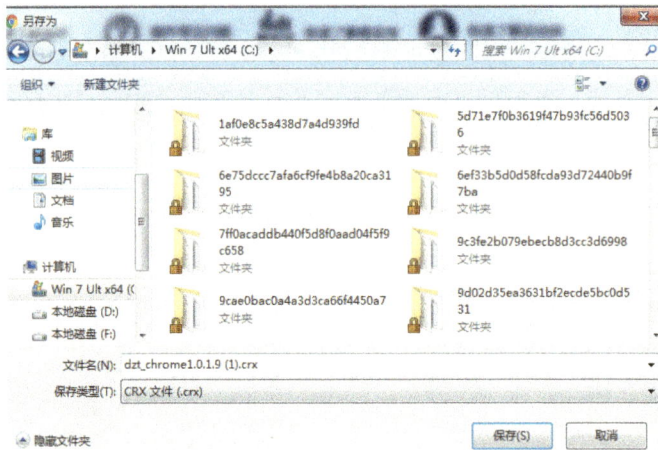

图 18.5 保存插件

④ 打开谷歌浏览器，单击地址栏右侧按钮，选择"更多工具"中的"扩展程序"选项，如图 18.6 所示。

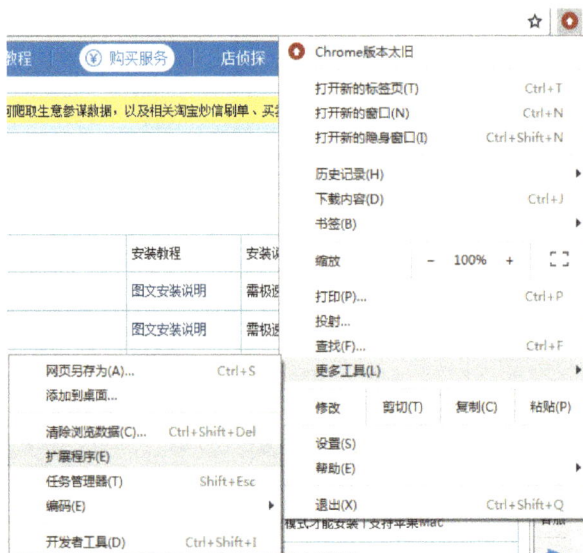

图 18.6 "扩展程序"选项

⑤ 将下载的插件程序拖入扩展程序界面中，弹出安装提示界面，如图 18.7 所示。单击"添加扩展程序"完成安装，此时谷歌浏览器地址栏右侧出现"店"标志，如图 18.8 所示。

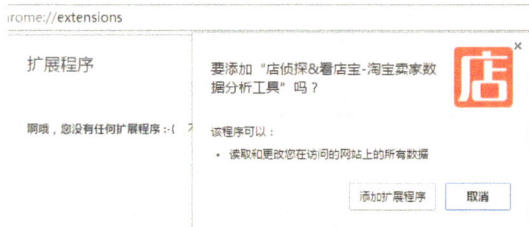

图 18.7　安装提示界面

图 18.8　"店"标志

（2）查看竞争对手的下架时间

① 在谷歌浏览器中输入淘宝网址，然后在搜索框中输入关键词，如图 18.9 所示。

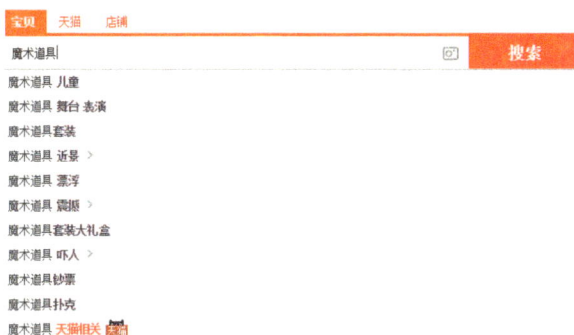

图 18.9　输入关键词

② 观察搜索结果页面，可以看到每款宝贝的下架时间等信息，如图 18.10 所示。

图 18.10　搜索结果页面

③ 将前两页宝贝（约 80 款宝贝）下架时间整理到 Excel 表格中，如图 18.11 所示。

	A	B	C	D	E	F	G	H	I	J	K	L	M	N	O
1	星期一	10:30	15:37	13:20	9:49	14:29	15:38	15:54	16:02	17:58	19:44	19:59	20:47	21:08	22:01
2	星期二	13:04	15:09	14:02	15:07	15:29	16:14	16:49	17:00	7:09					
3	星期三	14:30	9:05	9:00	10:48	15:21	21:28	15:59	19:59	20:24	8:50	16:30	22:59	21:08	
4	星期四	8:45	10:01	20:00	10:25	10:49	14:57	15:27	20:52	16:40	17:52	19:41			
5	星期五	15:15	14:05	17:04	10:00	12:45	10:49	13:47	16:07	14:58	15:01	15:48	16:48	16:59	
6	星期六	17:30	17:04	14:07	11:00	10:01	10:48	12:09	11:24	12:45					
7	星期日	20:01	18:01	20:09	9:45	19:21	19:43	20:44	19:58	19:58	17:58	20:45			

图 18.11　竞争对手的下架时间列表

3．优化宝贝下架时间

通过观察竞争对手的下架时间列表，发现每周星期二晚上、星期五晚上、星期六晚上、星期日下午下架宝贝数量较少，可以将店铺主推宝贝集中在这些时间段下架。由于宝贝下架时间和宝贝上架时间相同，因此可以直接修改宝贝上架时间。例如，可以将前面计划优化的魔术道具宝贝的上架开始时间 2017-01-06 05:15，编辑修改成星期五晚上的 20:45，如图 18.12 所示。

有效期：　◉ 7天　　💡 即日起全网一口价宝贝的有效期统一为7天

开始时间：　◎ 立刻
　　　　　　◉ 设定　2017年1月13日 ▼　20 ▼ 时　45 ▼ 分 ❓
　　　　　　◎ 放入仓库

图 18.12　"开始时间"设定

评价方案

实训完成情况评价表

评 价 项 目	良　　好	一　　般	差
诊断宝贝上下架时间存在问题			
通过店侦探插件查看淘宝店铺宝贝下架时间			
竞争宝贝下架时间 Excel 表格整理效果			
竞争宝贝下架时间 Excel 图表数据整理效果			
根据图表分析最优上架时间			
根据数据分析优化宝贝上架时间			

任务扩展

对店铺其他宝贝上下架时间优化调整。

宝贝站内推广

技能目标

- 了解淘宝客推广活动对店铺的基本要求
- 了解淘宝客推广的佣金计算方法
- 掌握淘宝客推广工具的具体设置方法

任务描述

宝贝站
内推广

淘宝站内推广方法有很多种，如论坛发帖、站内信、店铺留言、商品页留言、参加各种公开活动、加入淘宝直通车、加入消费者保障计划、淘宝客推广、超级买家秀等。

淘宝客推广是一种按成交计费的推广模式，淘宝客从淘宝客推广专区获取商品代码并做推广，买家经过淘宝客的推广（链接、个人网站，博客或者社区发的帖子）进入淘宝卖家店铺完成购买后，淘宝客就可得到由卖家支付的佣金。由于淘宝客推广是交易成功后才需要付佣金的，因此对于卖家来说，是一种较灵活的推广方式。本任务主要介绍淘宝客推广，从了解参加淘宝客推广活动对店铺的要求入手，学习淘宝客推广活动的具体设置过程，淘宝客推广活动运营一段时间后，观测运营数据进行活动效果评价。

任务准备

淘宝客推广活动对店铺的要求如下：

① 卖家信用等级在一心及以上或参加了消费者保障计划。

② 卖家店铺动态评分各项分值均不低于 4.5。

③ 店铺状态正常且出售中的商品数≥10件（同一商品库存有多件的，仅计为1件）。

④ 不得有因违反《淘宝规则》中关于出售假冒商品的行为被扣 6 分及以上。

⑤ 不得有因违反《淘宝规则》中关于其他严重违规行为（出售假冒商品除外）被扣 12 分及以上。

⑥ 不得有因违反《淘宝规则》中关于虚假交易违规行为被扣 12 分及以上。

⑦ 签署支付宝代扣款协议。

⑧ 未在使用淘宝或其关联公司其他营销产品（包括但不限于钻石展位、淘宝直通车等）服务时因违规被中止或终止服务。

实现步骤

1. 设置淘宝客推广活动

① 进入淘宝网卖家中心，在页面的左侧找到"营销中心"，如图 19.1 所示，选择"我要推广"选项，进入推广界面。

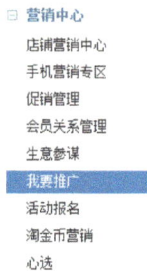

图 19.1 "营销中心"

② 在右侧的"我要推广"功能界面中，单击"营销入口"中的"淘宝客"推广按钮，如图 19.2 所示。

图 19.2 "我要推广"功能界面

③ 进入"阿里妈妈"推广界面，如图 19.3 所示，选择界面右侧"营销产品平台"菜单中的"淘宝客"命令。

图 19.3 "阿里妈妈"推广页面

④ 进入"淘宝客"界面，如图 19.4 所示，单击右侧账号下方的"进入我的淘宝客"按钮。

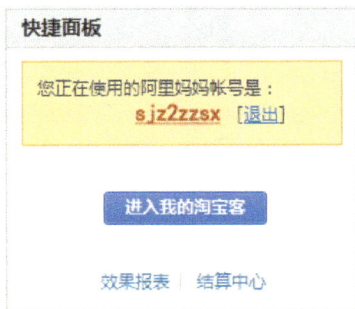

图 19.4 "淘宝客"界面

⑤ 进入淘宝客"协议确认"界面，如图 19.5 所示。阅读协议后选择"我已经阅读并同意"复选框，单击"确认"按钮，打开"确认"提示框，如图 19.6 所示。

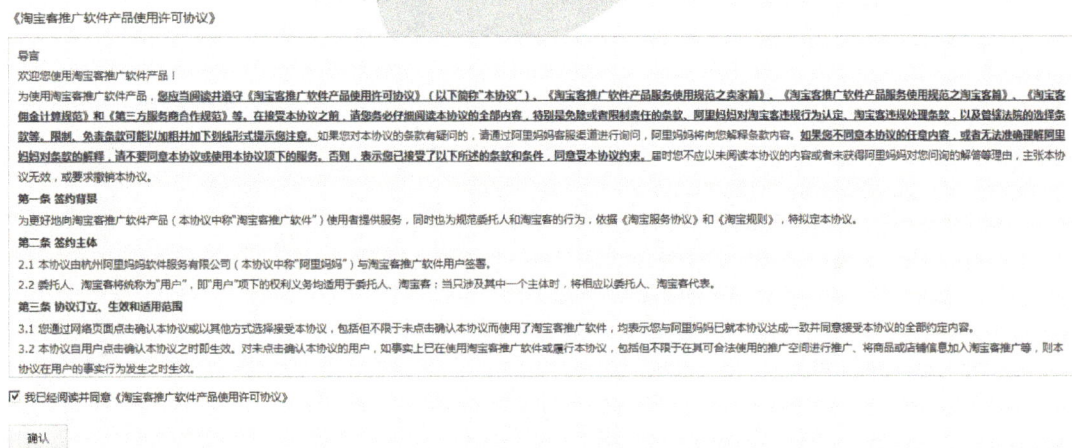

图 19.5 淘宝客"协议确认"界面

图 19.6 协议"确认"提示框

⑥ 单击"确定"后进入"支付宝代扣服务协议"界面，如图 19.7 所示，输入支付密码及验证码，单击"同意协议并提交"按钮。

* 支付宝账户:	
* 支付密码:	
* 校验码:	看不清 换一张

同意协议并提交

支付宝付款协议
商户名称: 淘宝（中国）软件有限公司（网络推广自助交易结算中心）

支付宝代扣服务协议

第一条 总则
本服务协议（以下简称"本协议"）是支付宝（中国）网络技术有限公司（以下简称"支付宝"）与支付宝用户（以下简称"用户"或"您"）就代扣服务的使用等相关事项所订立的有效约定。用户通过网络页面点击确认或以其他方式选择接受本协议，即表示用户与支付宝已达成协议并同意接受本协议的全部约定内容（尤其是加粗的文字部分）。 在接受本协议之前，请您仔细阅读本协议的全部内容。如果您不同意本协议的任意内容，或者无法准确理解支付宝对条款的解释，请不要进行后续操作。
支付宝代扣服务: 是指用户授权特定第三方向支付宝发送扣款指令，并授权支付宝根据特定第三方的指令从用户的支付宝账户中扣取指定款项至该特定第三方指定的支付宝账户中（以下简称"本服务"）。本协议中的特定第三方是指用户通过书面形式、或在本签约页面以网站确认等方式授权的可以向支付宝发送扣款指令的主体。
第二条 用户的权利义务
（一）您确认使用本服务的意思表示出自您的真实意愿，同时您对使用本服务过程中发出的指令的真实性及有

图 19.7 "支付宝代扣服务协议"界面

⑦ 完成淘宝客推广服务的开通，如图 19.8 所示。

服务开通

恭喜您，您的店铺已成功开通淘宝客推广，可以使用相关的推广业务！
系统已经为您自动创建了一个通用推广计划，您可以在"账户总览>>通用计划"里进行修改

图 19.8 "服务开通"提示框

⑧ 单击界面下方"通用计划"右侧的"查看"按钮，如图 19.9 所示。

图 19.9 "通用计划"

⑨ 进入淘宝客推广管理界面，如图 19.10 所示，界面上半部分是淘宝客实施效果的统计，下半部分是佣金管理，单击右侧的"编辑佣金比"按钮，可以设置、修改宝贝的佣金比。

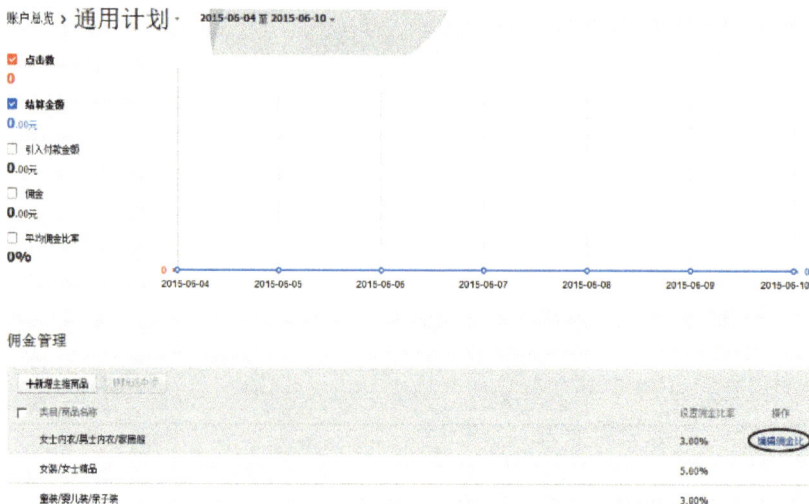

图 19.10　淘宝客推广管理界面

2. 淘宝客活动效果评估

淘宝客活动运营一段时间后，要查看其数据并进行分析，以决定是否需要对活动进行优化调整，如修改佣金比等。

① 进入淘宝客推广界面，如图 19.11 所示。

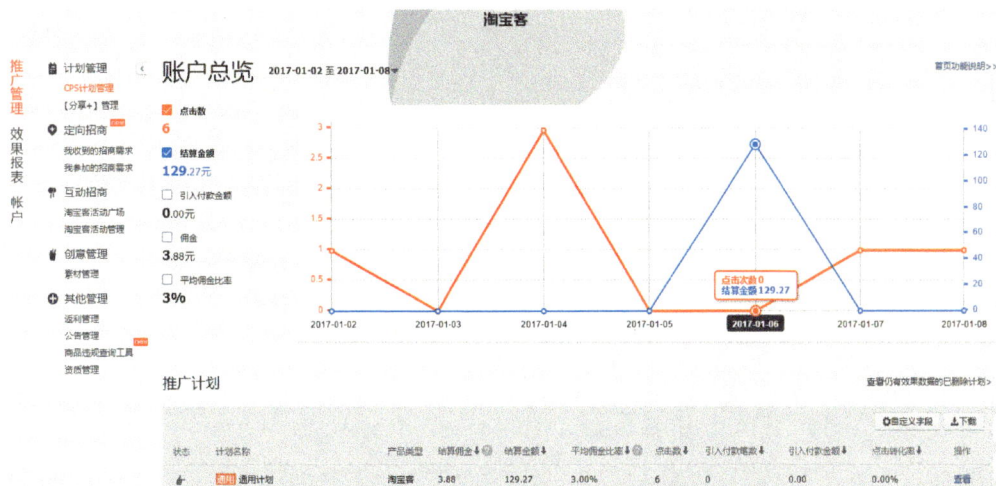

图 19.11　淘宝客推广界面

② 选择查看的日期范围，如图 19.12 所示。可以查看相应时间段的淘宝客活动推广效果，如图 19.13 所示，如果计划加大淘宝客活动力度，可以编辑佣金比。

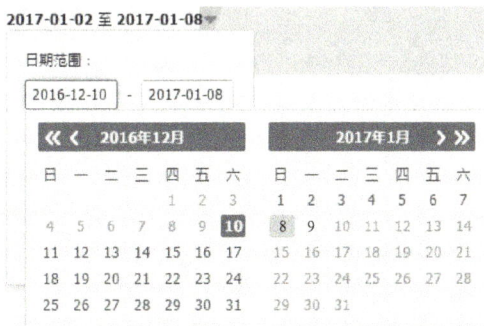

图 19.12　指定日期范围

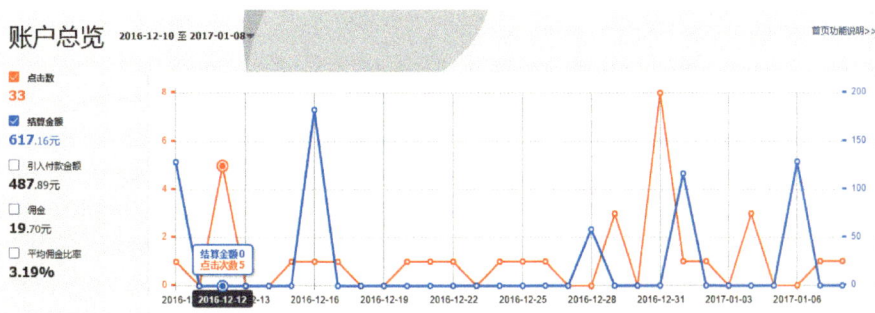

图 19.13　活动效果

评价方案

实训完成情况评价表

评 价 项 目	良　　好	一　　般	差
淘宝客活动开通情况			
淘宝客推广计划的设置			
淘宝客活动推广效果监测情况			
淘宝客活动优化效果			

任务扩展

调整淘宝客佣金比后，继续关注活动运营情况，并记录后期数据。

任务20

淘宝活动推广

技能目标

- 了解参加淘宝平台促销活动对店铺成长的重要性
- 掌握参加天天特价活动对店铺的要求
- 掌握参加天天特价活动的流程及注意事项

任务描述

淘宝活动推广

随着淘宝店铺间竞争的日益加剧,参加淘宝平台举办的各种活动,成为店铺成长的必备手段。"天天特价"作为店铺运营中不可缺少的营销手段,不仅能为店铺带来更多的流量、人气和销量,还能很好地积累客户源。本任务以"天天特价"活动为例,学习参加活动的详细流程。淘宝"天天特价"是针对小卖家而开展的营销活动,也是买家享受优惠的地方,天天特价网址为 http://tejia.taobao.com。

任务准备

1. 店铺要求

店铺信誉三心及以上,开店时间≥90天,已加入消费者保障服务,并申请了"7天无理由退换货"服务,店铺出售为实物宝贝,DSR评分均≥4.7,无严重违规。

2. 报名商品要求

商品要有充足的库存,最近30天成交量≥10件,准备一张商品浅色背景图,尺寸为480×480像素,JPG格式。

实现步骤

1. 参加活动流程

① 进入"天天特价"首页（http://tejia.taobao.com）,选择右侧"商家中心"的"商家报名"选项,如图20.1所示。

② 选择报名界面中参加活动的日期及类型,单击"立即报名"按钮,如图20.2所示。

③ 仔细阅读如图20.3所示的"活动说明",单击"我要报名"按钮。

153

图 20.1 "商家中心"菜单

图 20.2 报名界面

天天特价-类目活动

简介：
　　天天特价是以扶持淘宝中小卖家为宗旨的唯一官方平台，扶持对象为淘宝网集市店铺（即只招商集市商家）
　　天天特价频道目前有类目活动，10元包邮，主题活动三大块招商，
　　其中10元包邮为特色栏目，类目活动为日常招商，每周还会有不同的主题性活动。
　　天天特价类目活动只展示在类目详情页面中，随机展示到首页

为给更多卖家提供参与天天特价活动的机会，为消费者营造安全安心的网购环境，自【2016.3.9】日活动起，对特价规则做以下调整：
1、报名"类目活动"、"10元包邮"和"主题活动"的店铺信用等级为"三心及以上"；
2、店铺在线商品量≥10件；
3、报名"类目活动"、"主题活动"的商品库存为：50件及以上；报名"10元包邮"的商品库存为：50件≤商品库存≤2000件。

店铺要求
　（1）符合《淘宝网营销规则》。
　（2）店铺信用等级：三心及以上。
　（3）开店时间 ≥ 90天。
　（4）已加入淘宝网消费者保障服务且消保证金余额≥1000元，需加入"7天无理由退换货"服务。
　（5）实物宝贝交易≥90%，虚拟类目（如：生活服务、教育、房产、卡券类等）除外。
　（6）近半年店铺非虚拟交易的DSR评分三项指标分别不得低于4.7（开店不足半年的自开店之日起算）。
　（7）因严重违规（B类）被处罚的卖家，禁止参加活动。
　（8）因出售假冒商品（C类）被处罚的卖家，禁止参加活动。
　（9）魔豆妈妈资质要求：
　　①非以下条款特殊说明的场景，均需遵守《天天特价管理规范》；
　　②仅针对魔豆妈妈卖家举办的主题活动，招商卖家必须为魔豆妈妈卖家，其余卖家不可报名。报名此类活动时，魔豆妈妈的店铺信用等级为"1心至5钻"，且不受店铺实物交易占比限制。
　p.s: 魔豆妈妈是指淘宝公益基金项目——魔豆爱心工程的受助人，此项目旨在帮扶城市贫困妇女在网上创业，详细说明及申请办法点击这里查看。

报名商品要求
　（1）商品库存：50件≤库存，不限制上限（提示：10元包邮活动库存要求保持不变，50件≤10元包邮≤2000）。
　（2）最近30天交易成功的订单数量≥10件。
　（3）活动价格低于最近30天最低拍下价格，商品不得有区间价格（多个sku时必须是同一价格）。
　（4）必须全国包邮（港澳台除外）包邮定义的实施细则。
　（5）活动结束后的30天内，不得以低于天天特价活动价报名其他活动或在店铺里促销。若有违反，将按照《天天特价卖家管理细则》进行相应处罚。
　（6）特殊资质：
　　①运动户外类目商品需要符合《淘宝网运动户外类行业标准》；
　　②食品类商品需要有QS资质或中字标或授字标。
　（7）商品报名信息应清晰、规整，商品标题和图片符合特定的格式要求：报名商品图片为480*480像素，仅支持JPG格式；标题明确且美观，不拉伸变形、不拼接，无水印、无logo、无文字信息，仅支持JPG格式；图片背景为白底，纯色或者浅色，商品图片规范。
　（8）报名商品标题必须在13个汉字或者26个字符以内且描述准确清晰，严禁堆砌相关键字。
　（9）所有提交报名的商品及活动页面素材须确保不存在任何侵犯他人知识产权及其他合法权益的信息。
　p.s建议报名宝贝具有价格优势、应季、优质、热卖等优质的特点。

我要报名　已报名719款

图 20.3 "活动说明"界面

154

④ 填写报名表单信息：商品信息及商家联系信息，单击"提交申请"按钮，完成活动的报名，如图 20.4 所示。

一.填写商品信息

宝贝链接 *

宝贝名称 *　　　　　　　　　　　　　　　　18-22个字

一口价　0.00元

活动价 *　　　　　　　　必须小于或者等于30天最低价

活动库存 *

宝贝单品图片　上传文件　480*480像素，JPG、JPEG格式，大小不超过1M，点击查看 **宝贝图片规则 下载图片模板**

参加淘客推广　☐ 如需参加天天特价淘客推广，请勾选。查看详情

二.填写商家联系信息

联系人 *　　　　　　　　请填写真实姓名，方便我们联系

联系电话 *　　　　　　　请填写真实手机号码，以便接收活动信息

邮箱 *

天天特价活动协议

> 在接受本协议之前，请您仔细阅读本协议的全部内容，如果您对本协议的条款有疑问，请通过淘宝客服渠道进行询问，淘宝将向您解释条款内容。如果您不同意本协议的任何内容，或者无法准确理解淘宝对条款的解释，请不要进行后续操作。
>
> 天天特价频道活动协议

提交申请　☐ 我已阅读《天天特价活动协议》，并为违反规则的行为承担相应的责任。

图 20.4　活动报名信息

⑤ 报名成功后，会有以下提示信息，如图 20.5 所示。

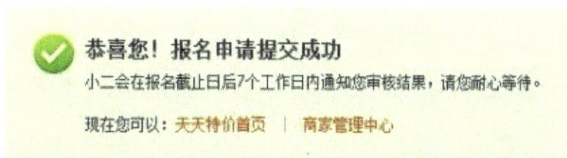

✓ **恭喜您！报名申请提交成功**
小二会在报名截止日后7个工作日内通知您审核结果，请您耐心等待。

现在您可以：天天特价首页　｜　商家管理中心

图 20.5　报名成功信息

系统根据商品、店铺等综合评分维度进行评分排序，对于不合格的情况，会在报名后 3～5 天进行系统通知。接到通知后，按要求修改好后可重新选择日期报名。活动开始前 2～4 天，系统会发送消息通知商家审核结果。

2. 活动注意事项

（1）备足库存，并充分检查商品，保证活动期间商品质量和备货充足。参加活动会产生较大的销量，过硬的质量才会带来好评价，提升店铺信誉，起到盈利和宣传的双重作用。

（2）跟物流公司事先沟通好，保证活动期间发货及时。

（3）对活动商品的详情进行完善，尽量全面、清晰地描述商品，减少活动期间买家的疑问点，增强买家的购买欲望，降低客服的接待压力。

（4）通过旺旺群、QQ 群向老顾客或朋友推荐，进行活动的宣传与推广，提升参加活动宝贝的人气。

（5）做好宝贝的相关促销，主要是活动宝贝的搭配套餐活动，促进买家更多购买，另一方面是店铺其他热卖宝贝的推荐，增加买家访问深度。

（6）设置旺旺快捷回复。提前预想活动期间买家可能会咨询的问题，设置好回复内容，提高活动期间客服回复效率。

评价方案

实训完成情况评价表

评 价 项 目	良　　好	一　　般	差
参加活动的店铺资格审查情况			
参加活动的宝贝资格审查			
天天特价活动流程的掌握			
天天特价活动注意事项的掌握			

任务扩展

对不符合参加"天天特价"活动的宝贝进行推广优化，提升宝贝销量。

21

店铺运营数据分析

技能目标

- 了解店铺数据分析对指导店铺运营的重要性
- 掌握通过"生意参谋"进行店铺数据分析的方法
- 掌握通过数据分析结果进行店铺优化的方法

任务描述

店铺运营过程中,"生意参谋"是店铺的监视器,通过统计各项数据指标,它能够随时发现店铺的促销方式、客户管理、推广策略等方面的问题。只有了解店铺运营中存在的问题,及时对店铺进行优化调整,才能在后期运营中获得更突出的成效。本任务借助"生意参谋"工具监测店铺数据,包括流量数据、访客数据、交易数据、评价数据等,监测宝贝数据,包括宝贝的实时数据、商品概况及异常商品数据等,明确店铺及宝贝优化调整目标。

任务准备

1. 淘宝店铺。
2. "生意参谋"工具。

实现步骤

1. 店铺数据监测

店铺数据反映了店铺的运营健康状况,定期监测店铺数据,及时发现问题马上解决。

① 在"生意参谋"界面中选择"经营分析",如图21.1所示。

首页	实时直播	经营分析	市场行情	自助取数	专题工具	数据学院

图21.1 "生意参谋"界面

② 经营分析界面最上方是店铺"流量总览",如图21.2所示。右上角可以设置查看的时间段,可以查看近期店铺流量情况,如图21.3所示。

图 21.2　店铺"流量总览"

图 21.3　流量总览时间段设置

③ "经营分析"界面下方的"流量来源排行",如图 21.4 所示,可以查看本店铺和同行 PC 端及无线端的流量来源情况,通过对比本店铺和同行的流量来源数据,找出更适合本店铺的推广途径。

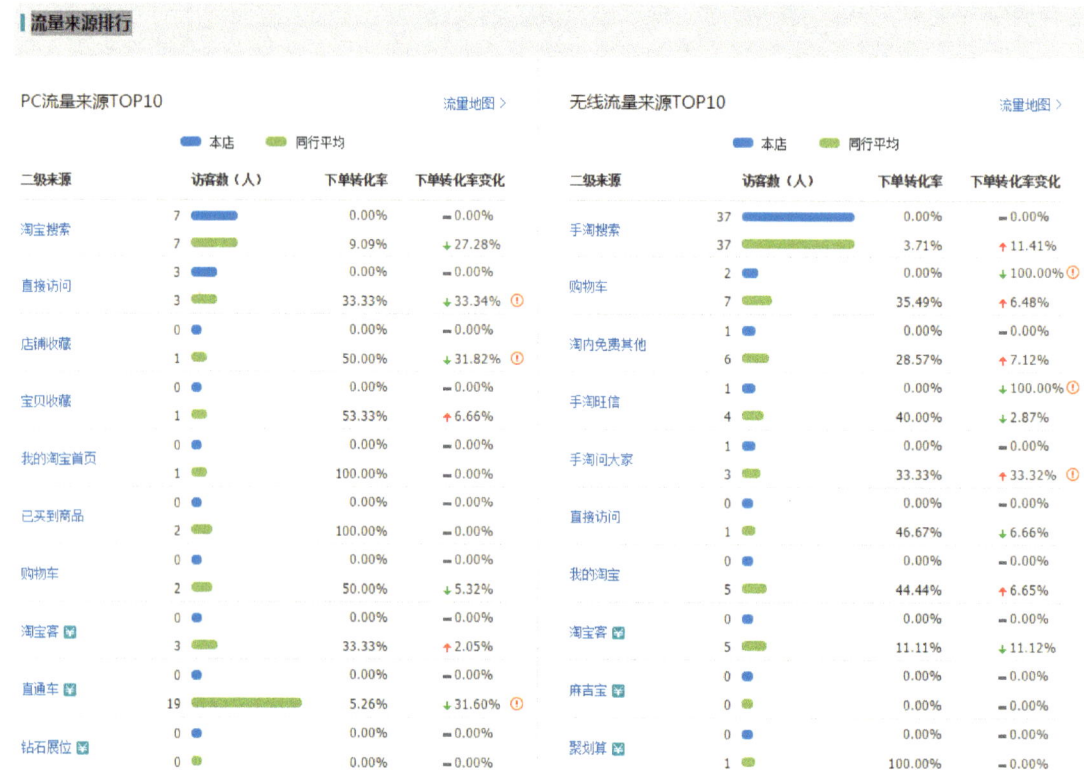

流量来源排行

PC流量来源TOP10 （流量地图 >）　本店　同行平均

二级来源	访客数（人）	下单转化率	下单转化率变化
淘宝搜索	7	0.00%	— 0.00%
	7	9.09%	↓ 27.28%
直接访问	3	0.00%	— 0.00%
	3	33.33%	↓ 33.34% ⚠
店铺收藏	0	0.00%	— 0.00%
	1	50.00%	↓ 31.82% ⚠
宝贝收藏	0	0.00%	— 0.00%
	1	53.33%	↑ 6.66%
我的淘宝首页	0	0.00%	— 0.00%
	1	100.00%	— 0.00%
已买到商品	0	0.00%	— 0.00%
	2	100.00%	— 0.00%
购物车	0	0.00%	— 0.00%
	2	50.00%	↓ 5.32%
淘宝客 ▼	0	0.00%	— 0.00%
	3	33.33%	↑ 2.05%
直通车 ▼	0	0.00%	— 0.00%
	19	5.26%	↓ 31.60% ⚠
钻石展位 ▼	0	0.00%	— 0.00%
	0	0.00%	— 0.00%

无线流量来源TOP10 （流量地图 >）　本店　同行平均

二级来源	访客数（人）	下单转化率	下单转化率变化
手淘搜索	37	0.00%	— 0.00%
	37	3.71%	↑ 11.41%
购物车	2	0.00%	↓ 100.00% ⚠
	7	35.49%	↑ 6.48%
淘内免费其他	1	0.00%	— 0.00%
	6	28.57%	↑ 7.12%
手淘旺信	1	0.00%	↓ 100.00% ⚠
	4	40.00%	↓ 2.87%
手淘问大家	1	0.00%	— 0.00%
	3	33.33%	↑ 33.32% ⚠
直接访问	0	0.00%	— 0.00%
	1	46.67%	↓ 6.66%
我的淘宝	0	0.00%	— 0.00%
	5	44.44%	↑ 6.65%
淘宝客 ▼	0	0.00%	— 0.00%
	5	11.11%	↓ 11.12%
麻吉宝 ▼	0	0.00%	— 0.00%
	0	0.00%	— 0.00%
聚划算 ▼	0	0.00%	— 0.00%
	1	100.00%	— 0.00%

图 21.4　"流量来源排行"

④ 选择左侧"流量分析"中的"流量地图"菜单选项，如图 21.5 所示。

图 21.5　"流量分析"功能菜单

⑤ 在"流量地图"界面中，可以查看店铺"流量来源""店内路径"和"流量去向"，如图 21.6 所示，从而清楚地把握客户进店后的行径。界面底部显示店铺的"流量入口"，如图 21.7 所示，可以观察到店铺引流宝贝的网址。

图 21.6　"流量地图"界面

图 21.7　店铺的"流量入口"

⑥ 选择左侧"流量分析"菜单中的"访客分析"功能选项，如图 21.8 所示。可以观察到店铺访客的时段分布，如图 21.9 所示。通过时段分布找出买家访问店铺的热门时段，为优化宝贝上下架时间提供有力依据。

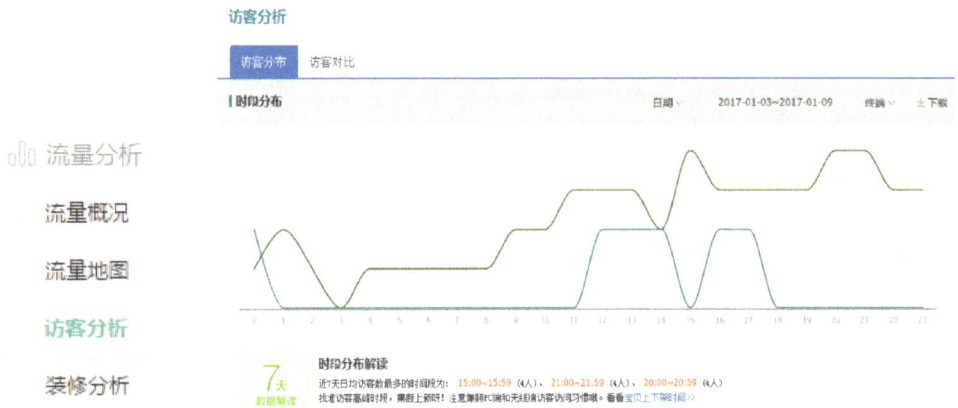

图 21.8 "流量分析"功能菜单 　　　　　　图 21.9 访客的时段分布

⑦ "访客分析"界面下方是店铺的"访客特征"："地域分布""特征分布""性别"和"店铺新老客户"等，如图 21.10 所示。把握访客特征，才能更有针对性地进行店铺推广，如根据访客的地域分布进行直通车的地域设置。

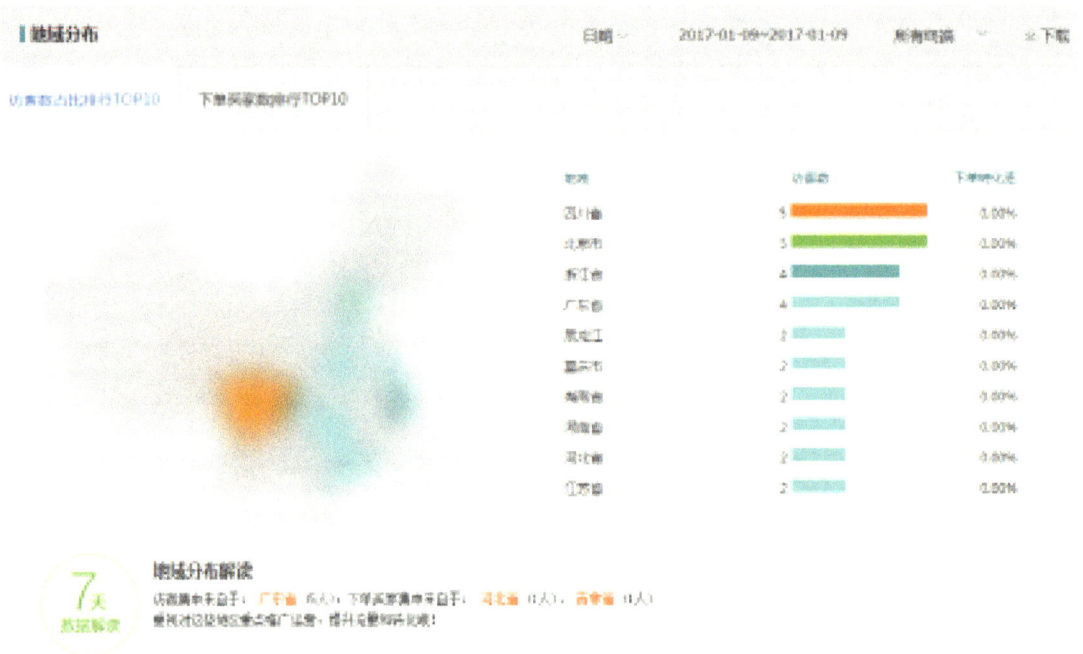

图 21.10 店铺的"访客特征"

特征分布　　　　　　　　　　　　　　　　　　　　日期∨　2017-01-09~2017-01-09　　所有终端　∨

会员等级 ?

淘宝等级	访客数		占比	下单转化率
V0会员	16		32.65%	0.00%
V2会员	14		28.57%	0.00%
V4会员	7		14.29%	0.00%
V3会员	4		8.16%	0.00%
V5会员	3		6.12%	0.00%
未知会员	5		10.20%	0.00%

消费层级

消费层级(元) ?	访客数 ?		占比	下单转化率
0	49		100.00%	0.00%

性别 ?

性别	访客数		占比	下单转化率
男	25		51.02%	0.00%
女	18		36.74%	0.00%
未知	6		12.25%	0.00%

店铺新老客户 ?

■ 新访客　■ 老访客

访客类型	访客数	占比	下单转化率
新访客	47	95.92%	0.00%
老访客	2	4.08%	0.00%

行为分布　　　　　　　　　　　　　　　　　　　　日期∨　2017-01-09~2017-01-09　　所有终端　∨

来源关键词TOP5 ?

关键词	访客数		占比	下单转化率
变脸服装…	2		25.00%	0.00%
魔术伸缩棍	2		25.00%	0.00%
魔术道具未…	2		25.00%	0.00%
磁铁戒指	1		12.50%	0.00%
变脸服装…	1		12.50%	0.00%

浏览量分布 ?

浏览量	访客数		占比
1	34		69.39%
2-3	11		22.45%
4-5	3		6.12%
6-10	1		2.04%
10以上	0		0.00%

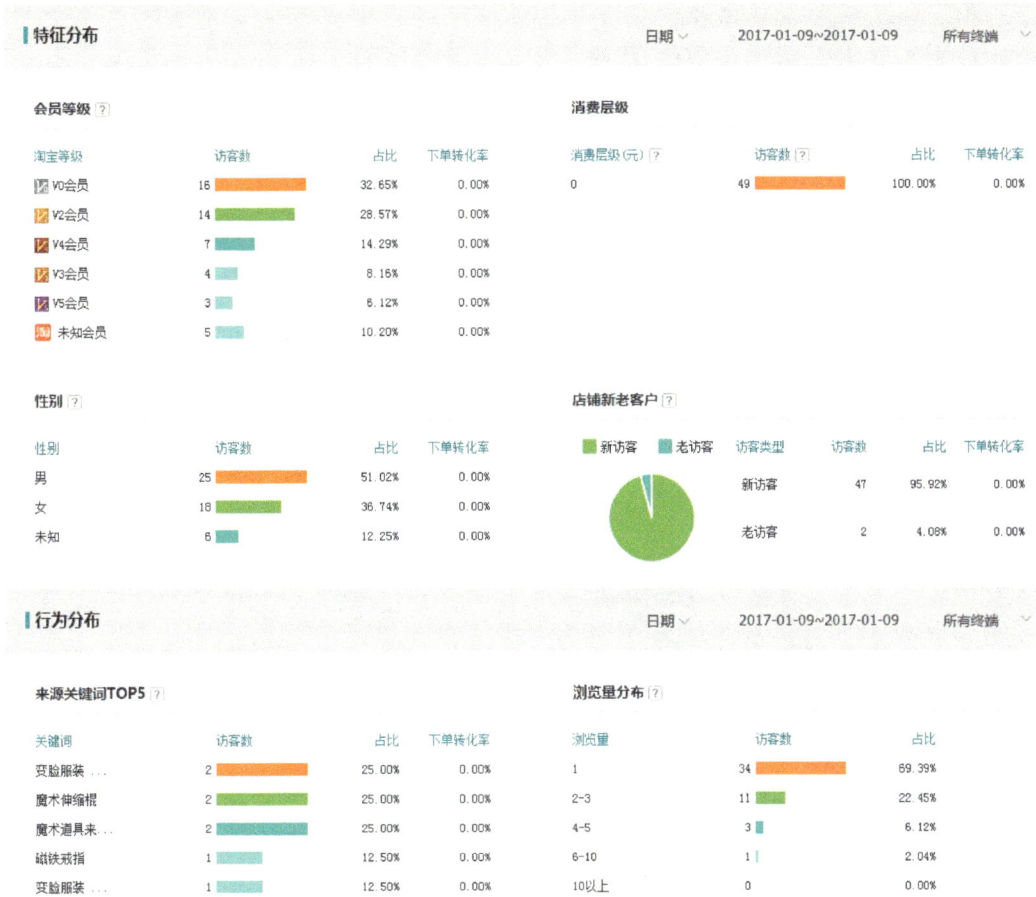

图 21.10　店铺"访客特征"（续）

2. 宝贝数据监测

除了监测店铺数据，还要对店铺内宝贝数据进行监测，这样才能更有针对性地对推广活动进行优化调整。

① 选择"生意参谋"菜单中的"实时直播"选项，进入"实时直播"界面，选择左侧"实时分析"功能菜单中的"实时榜单"选项，如图 21.11 所示。右侧界面中可以浏览到当天店铺的"商品榜"情况，如图 21.12 所示。通过每天观察实时榜单，可以找出店铺受欢迎的宝贝，作为店铺的重点推广对象。

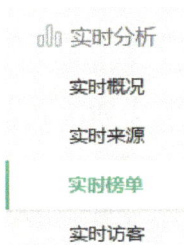

◻▥ 实时分析

实时概况

实时来源

实时榜单

实时访客

图 21.11　"实时分析"界面

实时榜单　更新时间：⊙ 2017-01-11 08:40:39

全部　PC　无线

商品榜

| 访客数TOP50 | 支付金额TOP50 |

请输入商品名称或ID　🔍

商品名称	所有终端的 浏览量	所有终端的 访客数	所有终端的 支付金额	所有终端的 支付买家数	所有终端的 支付转化率	操作
大卫魔术道具口袋变条幅颤掌发财 婚礼嫁庆搞笑舞台年会晚会直销 发布时间：2015-07-05 15:05:44	2	2	0.00	0	0%	实时趋势
大卫魔术道具沈腾万紫千红专用各 色纸花球黄色白色红色舞台直销 发布时间：2015-07-07 14:03:57	1	1	0.00	0	0%	实时趋势
大卫魔术道具高品质新款白色牌变 帽舞台表演扑克变大礼帽厂家直销 发布时间：2015-07-10 08:15:08	1	1	0.00	0	0%	实时趋势
大卫白色舞台花卉魔术花羽毛花棒 变太阳花女魔术师厂家直销 发布时间：2015-10-10 16:05:19	1	1	0.00	0	0%	实时趋势
大卫魔术道具热卖小号大号中号磁 力磁铁强力强磁银色花纹戒指直销 发布时间：2015-07-05 11:08:09	2	1	0.00	0	0%	实时趋势
大卫魔术道具畅卖新款黑色棒棍伸 缩变长轻质长条一体近景舞台表演 发布时间：2015-07-05 10:09:10	1	1	0.00	0	0%	实时趋势
魔术道具演出新款小号大号衬衣魔 术服装变鸽子变伞燕尾服五件套 发布时间：2015-07-10 13:08:51	1	1	0.00	0	0%	实时趋势
大卫舞台魔术表演直棒变花棒中出 花神奇根变花正品保证厂家直销 发布时间：2015-07-06 14:09:13	3	1	0.00	0	0%	实时趋势
大卫舞台魔术大型道具五花大绑术 逃脱袋表演背心特价厂家直销 发布时间：2014-10-27 10:08:53	1	1	0.00	0	0%	实时趋势
大卫魔术道具新款舞台身体川剧变 脸全套服装变脸脸谱亲子量身订做 发布时间：2015-07-05 11:04:06	1	1	0.00	0	0%	实时趋势

图 21.12　宝贝"实时榜单"

② 选择"实时分析"功能菜单中的"实时访客"选项，如图 21.13 所示。可以浏览到当天店铺的实时访客数据，如图 21.14 所示。

实时分析

实时概况

实时来源

实时榜单

实时访客

图 21.13　"实时分析"功能菜单

实时访客　　目前仅为PC端数据！如有异常访问记录，至此了解>>

访客类型：⊙ 仅淘宝会员　○ 全部　　流量来源：全部　　访问页面：⊙ 不限　○ 指定商品　＋

最近 0条 访问记录　点击刷新　　　　更新时间：2017-01-11 08:46:26

序号	访问时间	入店来源	被访页面	访客位置	访客编号 ?

暂无数据！

总共0条访客记录

图 21.14　店铺的"实时访客"数据

③ 选择"生意参谋"菜单中的"经营分析"选项，选择左侧"商品分析"功能菜单中的"商品概况"功能，如图 21.15 所示。可以浏览一段时间内店铺的商品概况，如图 21.16 所示。

商品分析

商品概况

商品效果

异常商品

分类分析

图 21.15　"商品分析"功能菜单

商品概况

商品信息总况

日期∨   2016-12-12~2017-01-10   所有终端∨

流量相关	商品访客数 **997** 较上30天 ↑17.43%	商品浏览量 **1,805** 较上30天 ↑26.84%	被访问商品数 ? **204** 较上30天 ↑2.51%
访问质量	平均停留时长 **29** 较上30天 ↓12.51%	详情页跳出率 **87.68%** 较上30天 ↓2.31%	
转化效果	加购件数 **158** 较上30天 ↑24.41%	支付件数 **86** 较上30天 ↑13.16%	异常商品数 ? **20** 较上30天 ↓4.76%

商品收藏次数
15
较上30天 ↓25.00%

7天
数据解读

流量相关解析

不错哦！流量有上涨趋势，商品详情页比同行平均更能吸引访客哦，持续关注。

访问质量解析

商品详情页的平均停留时间优于同行平均哦，说明您的商品详情页更能让访客留步，但跳出率?同行平均，请多注意推荐高转化哦，请使用访客对比，深入了解访客需求，精细的迎合其需求，提高转化。

转化效果解析

糟糕！加购转化与支付转化率有待提高，请到买家看看是否有合适的手段来促进转化哦，到商品温度计看看哪类商品问题影响了加购与支付的转化。

商品销售趋势

日期∨   2017-01-04~2017-01-10   指标∨   ⬇下载

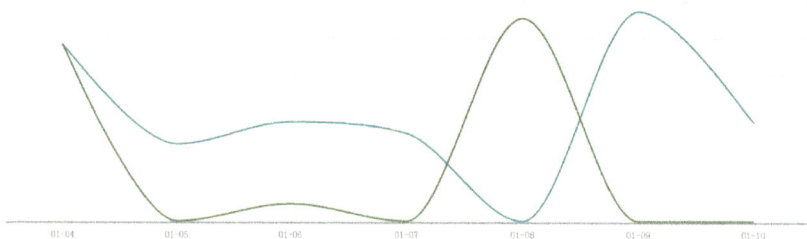

商品排行概览

日期∨   2017-01-10~2017-01-10   所有终端∨   ⬇下载

支付金额排行TOP15   访客数排行TOP15   更多>>

商品名称	所有终端的访客数	所有终端的浏览量	所有终端的详情页跳出率	所有终端的下单转化率	所有终端的支付金额	所有终端的支付件数	操作
大卫魔术道具 梅花墓布 彩虹墓布 沈镇万紫千红 安花 花类魔术 发布时间：2015-10-13	1	1	0.00%	0.00%	0	0	单品分析
大卫魔术道具题台新款白色近景表演杆过网丝巾过环可互动魔术批发 发布时间：2014-10-15	1	1	0.00%	0.00%	0	0	单品分析
大卫魔术道具越近旱出头表看玩具开心果穿杯玻璃杯特价 发布时间：2014-10-23	1	1	0.00%	0.00%	0	0	单品分析
大卫魔术道具筹中火白色一改不怕烧的手套套装题台火类表演表抢 发布时间：2014-10-24	1	1	0.00%	0.00%	0	0	单品分析
大卫魔术道具小号新款简装明日环楼梯绳子喜镇贯绳魔绳8g批发直销 发布时间：2015-04-09	1	1	0.00%	0.00%	0	0	单品分析

‹ **1** 2 3 下一页 > 共3页

图 21.16   店铺的"商品概况"

④ 选择"商品分析"功能菜单中的"商品效果"选项，可以浏览一段时间内"商品效果明细"，如图 21.17 所示。

商品效果

商品效果明细　　　　　　　　　　　　　　　　　　　　　　　　　全部　PC　无线　下载

指标：☑ 商品访客数　☑ 商品浏览量　☑ 下单件数　☑ 支付金额　☑ 加购件数　☐ 收藏人数　☐ 平均停留时长　　更多 ∨
曝光量、点击次数、点击率暂只提供PC端数据

自定义分类 ∨　全部分类 ∨　　　　　　　　　　　　　Q 请输入商品名称或ID

商品名称	当前状态	所有终端的商品访客数	所有终端的商品浏览量	所有终端的下单件数	所有终端的支付金额	所有终端的加购件数	操作
大卫魔术道具楼类新款黑色棒根伸缩变长轻盈长条一体近景舞台 发布时间：2015-07-05	当前在线	80	100	2	60	2	商品温度计 单品分析
大卫纸张魔术道具热销纸类白色纸纸吹雪雪花纷飞舞台表演厂家 发布时间：2015-04-11	当前在线	50	93	5	54	10	商品温度计 单品分析
魔术道具身体类新款黑色人头移位禅头幻术恐怖吓人近景舞台直 发布时间：2015-07-10	当前在线	39	59	0	0	0	商品温度计 单品分析
大卫魔术道具小号新款简装明日环链银链子喜结良缘魔结8扣比发 发布时间：2015-04-09	当前在线	31	53	6	9.14	10	商品温度计 单品分析
大卫魔术道具新款舞台身体川剧变脸全套服装变脸脸谱靴子量身 发布时间：2015-07-05	当前在线	34	49	0	0	0	商品温度计 单品分析
大卫魔术道具沈娟万紫千红专用各色纸花球黄色白色红色舞台直 发布时间：2015-07-07	当前在线	16	48	42	647	20	商品温度计 单品分析
大卫舞台魔术大型道具五花大绑术逃脱袋表演青仓特价厂家直销 发布时间：2014-10-27	当前在线	34	47	0	0	2	商品温度计 单品分析
2015纸张大卫魔术近景火类表演火纸白色火焰纸正品青仓特价批 发布时间：2015-04-09	当前在线	31	45	0	0	40	商品温度计 单品分析
大卫魔术道具酒红色桌椅刘谦高品浮桌多功能悬浮桌子飞桌厂家 发布时间：2015-07-06	当前在线	24	44	0	0	0	商品温度计 单品分析
大卫魔术道具意念新款灵异动力笔隔空打硬币震动记号笔刘谦直 发布时间：2015-07-10	当前在线	29	43	0	0	0	商品温度计 单品分析

‹ 1 2 …… 21 下一页 › 共21页

图 21.17　"商品效果明细"

⑤ 选择"商品分析"功能菜单中的"异常商品"选项，可以浏览店铺的异常商品，如图 21.18 所示。观察其中流量下跌、支付转化率低、高跳出率的商品，及时对这些商品进行优化调整。

异常商品　　　　　　　　　　　　　　　　　　　　为您提供各类异常商品的TOP50，会有一个商品存在多种异常的情况，请关注哦。

| 流量下跌 (17) | 支付转化率低 (3) | 高跳出率 (0) | 支付下跌 (0) | 零支付 (0) | 低库存 (0) |

ⓘ 流量下跌商品：最近7天 (2017.01.04~2017.01.10)浏览量较上一个周期7天 (2016.12.28~2017.01.03)下跌50%以上；
✔ 建议：优化商品标题和描述，使用"营销推广"功能，或其它营销手段进行引流。

商品名称	上个周期7天浏览量	最近7天浏览量	操作
2015纸张大卫魔术近景火类表演火纸白色火焰纸正品青仓特价批发 发布时间：2015-04-09	15	4 ↓73.33%	商品温度计 单品分析
大卫魔术道具舞台表演套装一根变四根分裂棒多变厂家直销正品黑色 发布时间：2015-07-07	7	3 ↓57.14%	商品温度计 单品分析
大卫魔术道具棒棍类闪电棒迷你弹棒儿童近景表演亏本青仓 发布时间：2015-07-09	9	3 ↓66.67%	商品温度计 单品分析
大卫新款黑色塑料乒桌飞桌悬浮桌浮桌飘桌舞台魔术表演 发布时间：2015-07-09	5	2 ↓60.00%	商品温度计 单品分析
大卫魔术道具舞台新款白色近景表演杆过绳丝巾过环可互动魔术批发 发布时间：2014-10-15	13	2 ↓84.62%	商品温度计 单品分析

1　2　…　4　下一页 > 共4页

图 21.18 "异常商品"

3．店铺运营数据汇总

为了更全面、清晰地了解店铺的整体运营状况，需要对店铺和宝贝在某段时间内的数据进行汇总分析，进而更明确地指导后期优化工作。该项工作可以通过"生意参谋"的"自助取数"功能来完成。

① 选择"生意参谋"功能菜单中的"自助取数"选项。

② 在"我要取数"界面中选择"分析维度"为店铺，"汇总周期"为自然月，"查询日期"设置为最近一个月，"选择指标"选择为流量、交易、服务、其他，进一步选择"选择指标"下的具体项。如图 21.19 所示。

③ 单击“预览数据”按钮，可以查看数据汇总结果，如图 21.20 所示。

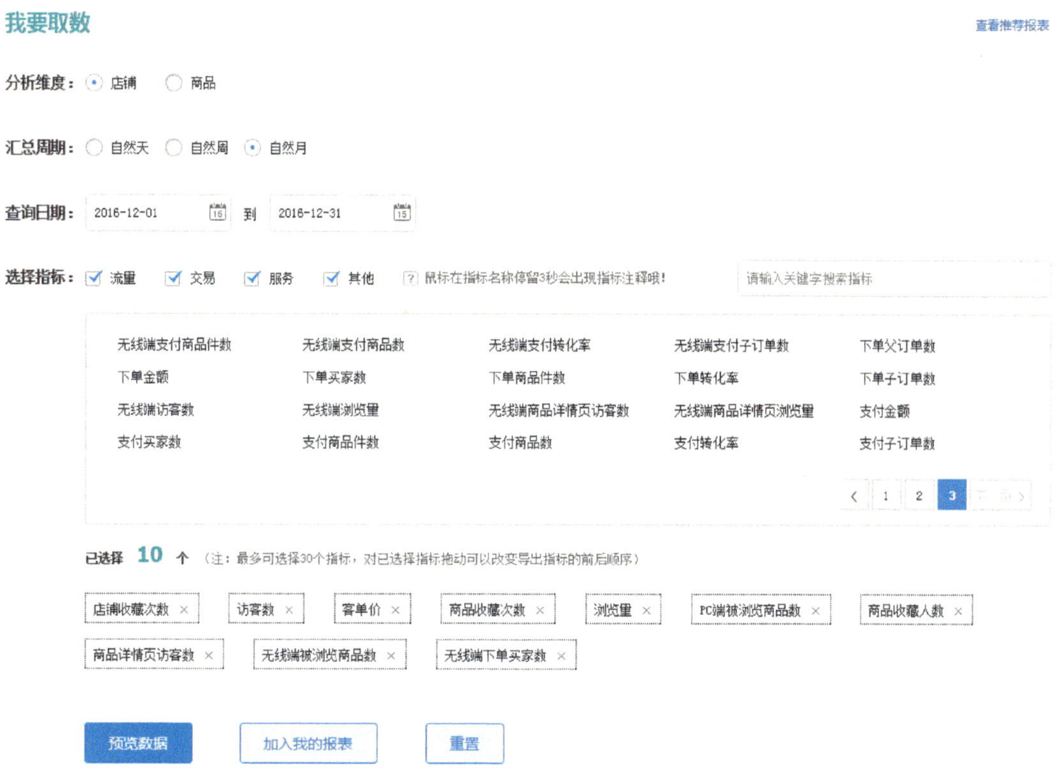

图 21.19 “我要取数”

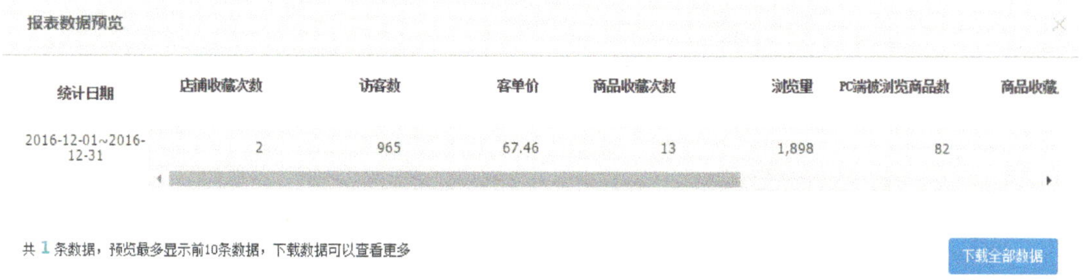

图 21.20 “报表数据预览”

评价方案

实训完成情况评价表

评价项目	良 好	一 般	差
对比同行找出自身店铺的差距			
通过监测店铺数据，找出店铺存在的问题			
通过监测宝贝数据，找出宝贝存在的问题			
观察店铺运营数据汇总的效果			

任务扩展

继续观测店铺的运营数据，进一步对店铺及宝贝进行优化调整。

项目实训篇

　　将以范例网店——电商实训2号店为例，来系统地展示淘宝网店从装修、拍摄、宝贝发布到推广、营销等一系列操作的完整过程。通过这个实训项目的学习，相信大家能更清晰地掌握网店开设、运营的每一个环节。

　　在前面所学的技能点多数会被再次用到，并有相应的拓展。

　　下面，通过实训一起创业吧！

设计相框店铺详情模板框架

通过对商品的观察、了解及相关特点的分析，确定宣传点，并对该类商品的详情风格做出精准定位。根据定位的风格，在淘宝网上搜索、整理出适合本商品详情页框架的各个模块，如图 22.1～图 22.4 所示。将各模块进行组合搭配、修改，最终制作出所需的详情页模板，如图 22.5 所示。

图 22.1　商品展示的参照样图

图 22.2　商品细节展示的参照样图

图 22.3　产品包装参照样图

关于我们
ABOUT US

图 22.4　生产规模参照样图

1 商品展示
Product display

（商品整体造型多角度）

2 必买理由
Must buy

文字	图片
	文字
图片	

3 产品细节
Product details

脚钉

搅扣

支架

绳索

特殊性

4 产品包装
Product packaging

5 生产规模
Production scale

图 22.5　详情页模板框架设计图

拍摄相框商品

选用两款具有代表性的商品进行拍摄：摆台相框和照片墙相框。根据商品详情页码设计的内容，需要拍摄的内容包括相框的整体展示、造型展示及细节展示。在拍摄过程中，会用到前面学过的布光、背景的搭配、布局及拍摄角度等多个技能点。

注意事项： 布光时要考虑相框玻璃镜面的反光。

摆台相框

摆台相框的拍摄

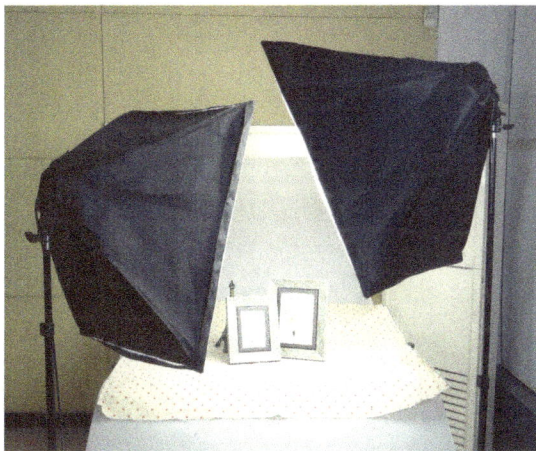

1．布光

在拍摄整体展示时，用了两个侧顺光，两侧均为 45°，相框前板为玻璃材质，所以拍摄相框的正面时，全部使用柔光灯，避免光线被过度反射。右侧柔光灯高，亮度强一些，作为主光，左侧灯略高于相框，亮度比右侧弱，作为辅光，如图 23.1 所示。

图 23.1 摆台相框的布光方案

2．相机设置及拍摄前准备

相机设置为 P 档，感光度 ISO 设置为 100，曝光补偿设置为+0.3EV。
由于背景颜色较浅，相机自动测光后画面会稍暗，应适当增加曝光度。

3．道具的整体展示

相框的套系造型展示如图 23.2 所示，采用俯视 45° 拍摄，桌面上用了浅色棉质背景布，并搭配了作为装饰物的小铁塔，放在左侧空白处，使画面丰满。在摆放上，主体（相框）前后摆放，与陪体形成错落有致的视觉效果，桌旁的椅子，经光圈与焦距的调整使其虚化，以突出主体。整个背景设计模拟生活场景，使展示效果更直观。

相框单品正面清晰地展示了相框正面各部分信息，如图 23.3 所示。

组合造型展示如图 23.4 所示，注意角度和物距，以免出现变形的问题。

相框背面细节展示如图 23.5 所示，该部分要注意降低曝光补偿，否则黑色的背面会因曝光过度而呈现灰色。

图 23.2　相框的套系造型展示

图 23.3　单品正面展示

图 23.4　组合造型展示

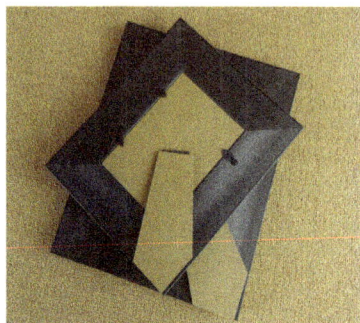

图 23.5　相框背面细节展示

图 23.6　相框对角展示

4. 道具的细节展示

相框对角展示如图 23.6 所示，此处除了突出相框边角处的凹陷型独特设计，还突出了边角拼接整齐、牢固，相框上条纹对接和谐的特点，展现了宝贝的精致工艺。拍摄采用近距或微距，从细节处展示宝贝的高品质。在构图上，对角的点正好落在黄金分割点上，画面活泼，且不浮夸，视觉上比较舒适。

相框侧面展示其厚度及材质如图 23.7 所示，拍摄角度在 0°～30°之间，这里要注意相框的变形问题。

背面对角拼接固定展示如图 23.8 所示，当黑色比较多时，要注意降低曝光补偿。

固定背板的旋拨钮细节展示如图 23.9 所示，与图 23.8 都属于近距拍摄，要注意相机的稳定度，防止图片虚化。

功能性细节的展示，如背面支架展示，如图 23.10 所示。

174

图 23.7　相框侧面展示

图 23.8　背面对角拼接固定展示

图 23.9　固定背板的旋拨钮展示

图 23.10　背面支架展示

照片墙相框

照片墙相框的拍摄

1. 布光

照片墙作为一种墙面装饰，在拍摄整体套系展示时，建议悬挂在墙上拍摄。这里采用两个侧顺光，两侧均为 45°，相框前板是玻璃，柔光灯位置要稍远一些，并且全部采用柔光，以免触发闪光灯时，会有强的反光。布光方式采用大平光，右侧主灯亮度为 1/16，作为主光左侧灯亮度稍暗为 1/32，作为辅光，如图 23.11 所示。

图 23.11　照片墙的布光方案

2. 相机设置及拍摄前准备

相机设置为 M 档，感光度 ISO 设置为 100，曝光补偿设置为+0.7EV。在相机热靴接口外接闪光灯。

墙面和相框同为白色时，相机测光后画面会暗，要适当增加曝光度。闪光灯的值要根据拍摄情况进行调整，打开闪光灯电源时，亮的是造型灯泡，按下快门，经过同步触发器触发，闪光灯才工作，所以拍摄前试一下闪光的强度，并调整到适合的档位。

3. 相框的整体展示

如图 23.12～图 23.15 所示，本实例中选用的照片墙套系有两款，拍摄造型展示时，都要拍摄。最好搭建实景拍摄，这样能够更好地突出宝贝的品质，如果不容易找到合适的场景，可以通过后期处理来添加背景。在拍摄整体造型时，主要有两个角度：正面与斜侧面，以备后期的背景处理。

图 23.12　照片墙仿木框款正面展示

图 23.13　照片墙仿木框款侧面展示

图 23.14　照片墙白框款正面展示

图 23.15　照片墙白框款侧面展示

4. 相框的细节展示

相框对角展示如图 23.16 所示，边角拼接整齐、牢固、做工精致，相框的流线型设计及胡桃木纹，这些细节都很好地突出了高品质，拍摄角度控制在 0°～30° 之间。在构图上，对角的点正好落在黄金分割点上，画面活泼，还不失稳定，视觉上也较舒适。

套系中的单品展示如图 23.17 所示，目的是让买家更直观地了解相框的相关信息，本图采用 90° 垂直拍摄。

相框侧面厚度展示如图 23.18 所示，为了让买家了解商品在空间占用上的细节，拍摄时要注意物距，可距离远些再拉进焦距，物距太近有时会出现变形现象。

宝贝背面对角拼接固定效果展示如图 23.19 所示，突出了相框的牢固性。

图 23.16　对角拼接展示

图 23.17　单品造型展示

图 23.18　相框侧面厚度展示

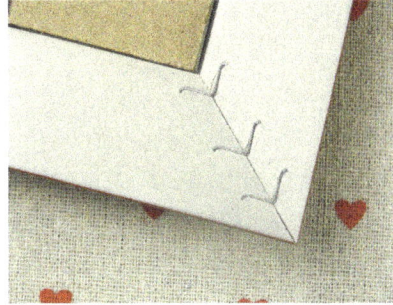

图 23.19　对角拼接固定效果展示

相框背板固定铁片展示如图 23.20 所示。

相框墙上固定挂钩展示如图 23.21 所示。

图 23.20　背板固定铁片展示

图 23.21　相框挂钩展示

制作相框详情页

通过前期对详情页模板的定位，逐一围绕着商品图进行编排和设计制作。首先，使用多场景商品展示图片制作广告，突出商品应用的广泛性；其次，多角度、多方位整体展示商品的全貌，让买家了解商品整体的效果；最后，从商品的五个优势方面进行阐述，让买家对商品品质放心。相框的脚钉、拨扣、支架、绳索及材料的特殊性等细节展示用大图，让买家对商品的细微之处有更深的认识，以激发购买欲。商品包装展示主要是为了让买家对运输中的商品安全放心，包装箱上印有品牌更能体现商品的专业性。生产规模展示了各个环节的车间原貌，证明了品牌实力和公司规模。价格优势和五分好评在购物保障方面让买家放心购买。依此思路最后构成了整个详情页面，如图 24.1 所示。

图 24.1　宝贝详情页设计效果图

图 24.1　宝贝详情页设计效果图（续）

装修相框店铺

本任务主要分三大部分内容来详细讲解并逐一阐述制作步骤，三大部分内容分别是店标、店招和促销海报。

1. 店标制作

环保相框店的店标如图 25.1 所示。

设计分析：商品——相框，以健康、环保材质为优势，"每家美家"寓意为让每个家庭都拥有美丽的家居环境，在用色方面采用仿彩虹的多色渐变色，使画面增添了对美好家居多姿多彩的想象。

店标在以后的宣传或制作中会经常用到，有时需要较大的文件格式，所以创建时设置 500×500px 的图像，以备后面需要大文件时使用。

制作实训
2 号店店标

图 25.1　店标效果图

制作步骤如下：

① 打开 Photoshop 软件，新建一个 500×500px 的文档。

② 输入文字"每家美家"，设置字体为"方正稚艺简体"，大小为"120 点"，颜色为黑色，如图 25.2 所示。

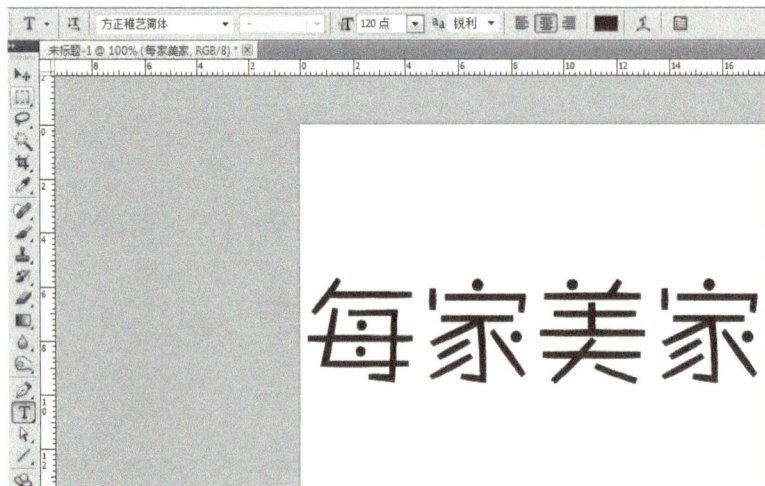

图 25.2　输入文字

③ 双击文字层打开"图层样式"对话框，选择"渐变叠加"，设置如图 25.3 所示。

④ 新建"图层 1"，选择"椭圆选框"工具，按住【Shift】键在"每"字的撇处和"美"字的点处画正圆选区，如图 25.4 所示。

图 25.3　"图层样式"对话框

图 25.4　正圆选区

⑤ 对选区进行描边设置，按住组合键【Alt+E】，再按【S】键，打开"描边"对话框，设置如图 25.5 所示。

图 25.5　对选区进行描边设置

⑥ 按组合键【Ctrl+D】取消选区，选择橡皮擦把多余部分擦掉，并把文字层上移至顶层，效果如图 25.6 所示。

图 25.6　"擦拭"后效果

⑦ 重复步骤④～⑥，在两个"家"字间用红色环状连接，效果如图 25.7 所示。

图 25.7 "家"字连接效果图

⑧ 右击文字层，在快捷菜单中选择栅格化图层，使用橡皮擦把文字多余部分擦掉，如图 25.8 所示。

图 25.8 擦拭多余笔画

⑨ 选择"魔棒工具"，把文字笔画中所有的圆点选中，如图 25.9 所示。

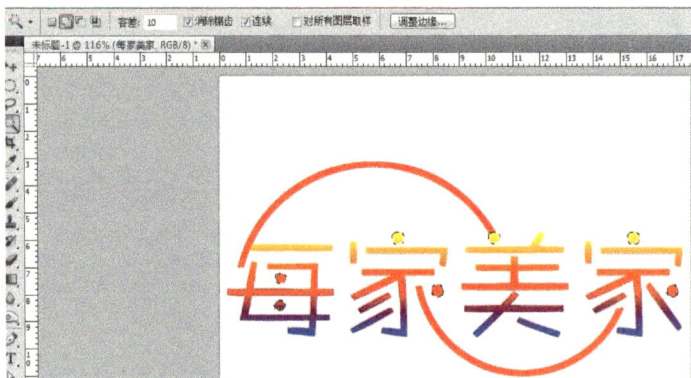

图 25.9 选中圆点笔画

⑩ 新建"图层 3"，填充白色，添加"描边"图层样式，设置如图 25.10 所示。

图 25.10 "描边"图层样式

⑪　新建"图层 4"，在文字的下部拖拽出一个椭圆选区，并用"渐变工具"的"径向渐变"画出自中心黑色向外灰色的椭圆，如图 25.11 所示。

图 25.11　渐变椭圆效果

⑫　按组合键【Ctrl+D】取消选区，选择"滤镜"菜单中"模糊""高斯模糊"命令，打开"高斯模糊"对话框，设置如图 25.12 所示。

图 25.12　"高斯模糊"对话框

⑬　按组合键【Ctrl+T】拖拽出合适形状，如图 25.13 所示。

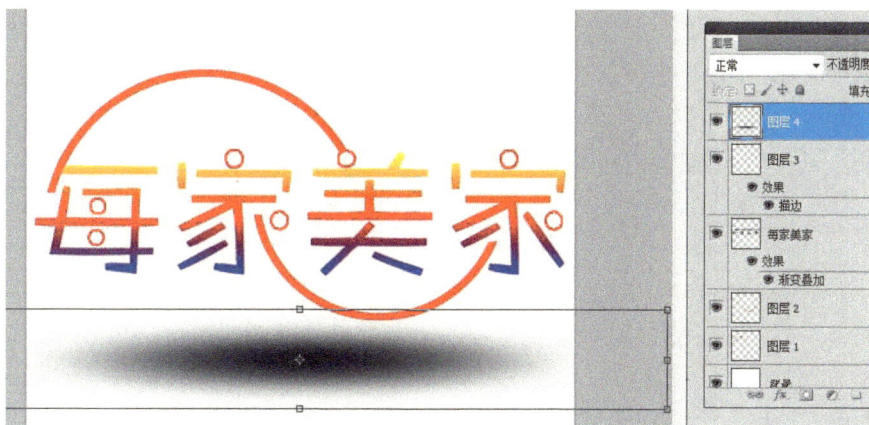

图 25.13　"自由变换"

⑭ 图层"不透明度"降为 50%，单击"选取"工具箱中的"裁剪工具"按钮，在属性栏里设置宽度和高度分别为"80px"，对图片进行裁剪处理并保存为 JPG 格式，最终效果如图 25.14 所示。

图 25.14 "不透明度"效果

制作实训
2 号店店招

2. 店招制作

环保相框店的店招设计效果如图 25.15 所示。

图 25.15 店招效果图

设计分析：在这个店招里，品牌和品类信息都很明确，店标放置在左侧并加宣传语进行搭配，右侧放置购物保障，整体感觉简单大方，信息传达准确。

制作步骤如下：

① 打开 Photoshop 软件，新建一个 950×122px 的文档。

② 填充灰色（RGB 均为 220），如图 25.16 所示。

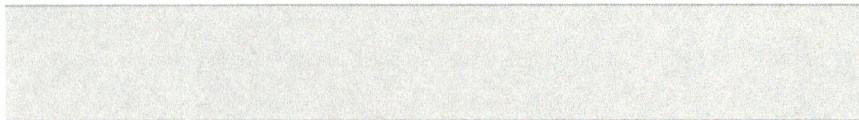

图 25.16 填充灰色

③ 把制作好的店标拖入画面左侧，按组合键【Ctrl+T】，按住【Shift】键等比缩放到合适大小，如图 25.17 所示。

④ 单击"选取"工具箱中的"矩形选框工具"，在店标底部白色区域，框选与店标相同的宽度并延伸至店招底部，填充白色，即把店标下部白色延伸至画面底部，输入文字"环

保相框专家"，设置字体为"汉仪中等线简"，大小为"15 点"，颜色为黑色，效果如图 25.18
所示。

图 25.17　放置店标

图 25.18　输入文字后效果

⑤ 输入文字"每家美家相框旗舰店"，设置字体为"方正美黑简体"，大小为"40 点"，
颜色为黑色，如图 25.19 所示。

图 25.19　输入文字

⑥ 添加图层样式"投影"，设置如图 25.20 所示。

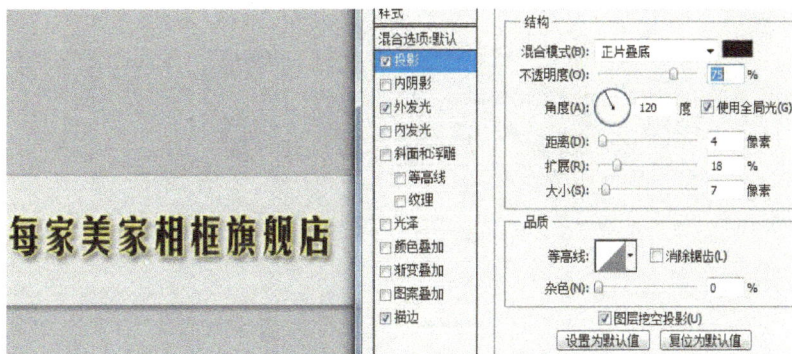

图 25.20　"投影"图层样式

⑦ 添加"外发光"图层样式，设置如图 25.21 所示。
⑧ 添加"描边"图层样式，设置如图 25.22 所示。

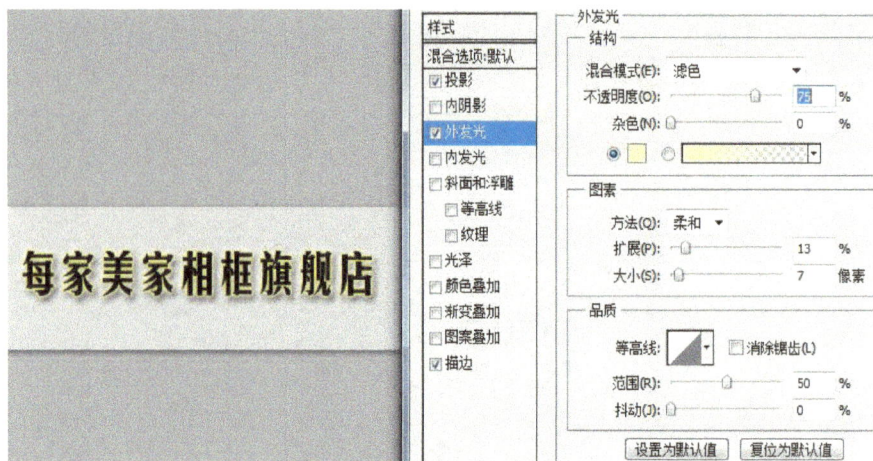

图 25.21　"外发光"图层样式

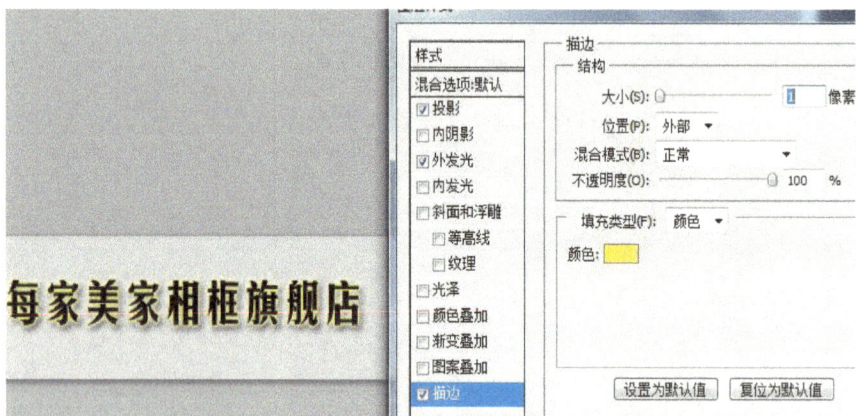

图 25.22　"描边"图层样式

⑨ 输入文字"雅致生活"，设置字体为"方正小标宋简体"，大小为"15 点"，颜色为黑色，如图 25.23 所示。

图 25.23　输入文字

⑩ 打开"图标素材"，全选后使用"移动工具"放置在画面右下角，如图 25.24 所示。

图 25.24　放置素材

⑪ 输入英文 "Welcome to the environmental photo frame shop"，设置字体为 "方正瘦金书简体"，大小为 "15 点"，颜色为黑色，放置在文字的下部，如图 25.25 所示。

图 25.25　输入英文

⑫ 选择 "图层 1"，添加 "投影" 图层样式，设置如图 25.26 所示。

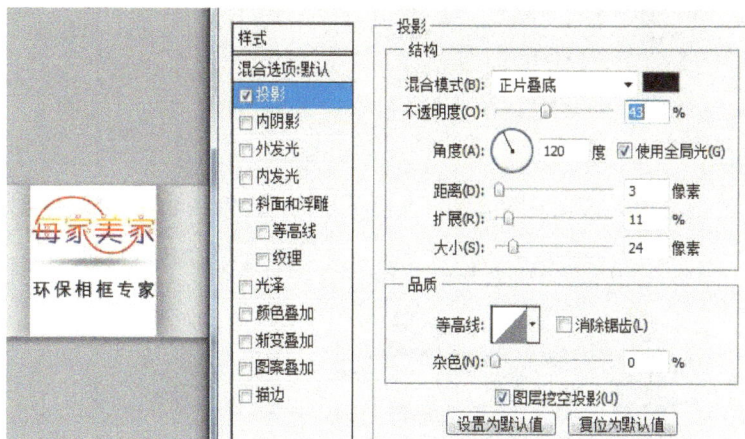

图 25.26　"投影" 图层样式

⑬ 最终效果如图 25.27 所示。

图 25.27　店招效果图

3. 促销海报

环保相框店的促销海报设计效果如图 25.28 所示。

制作实训
2 号店海报

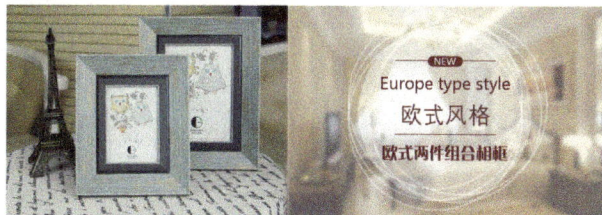

图 25.28　促销海报效果图

设计分析：本张海报是以单件商品的宣传为出发点的，突出商品的特点和风格，左侧清晰的商品照片大图展示能吸引更多眼球，右侧使用背景减淡的手法突出文字主题，错落有致的文字排版方式更具艺术性和观赏性。

制作步骤如下：

① 打开 Photoshop 软件，新建一个 950×330px 的文档。

② 拖入相框素材放置在画面左侧，按组合键【Ctrl+T】，按住【Shift】键等比缩放至合适大小，如图 25.29 所示。

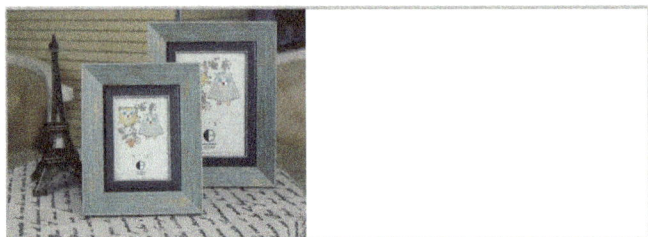

图 25.29　拖入素材

③ 对原片微调亮度，按组合键【Ctrl+M】打开"曲线"对话框，设置如图 25.30 所示。

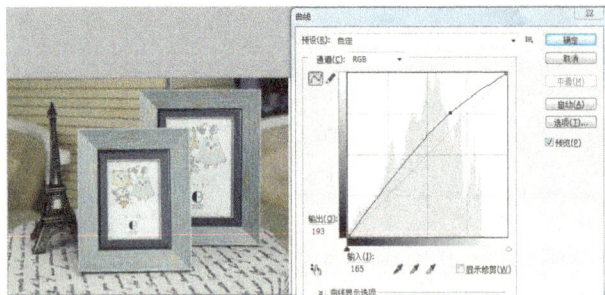

图 25.30　"曲线"设置

④ 拖入家装素材放置在画面右侧，按组合键【Ctrl+T】，按住【Shift】键等比缩放至合适大小，如图 25.31 所示。

图 25.31　拖入素材后效果

⑤ 对家装图片素材进行模糊处理，选择"滤镜"菜单中的"模糊""高斯模糊"命令，设置如图 25.32 所示。

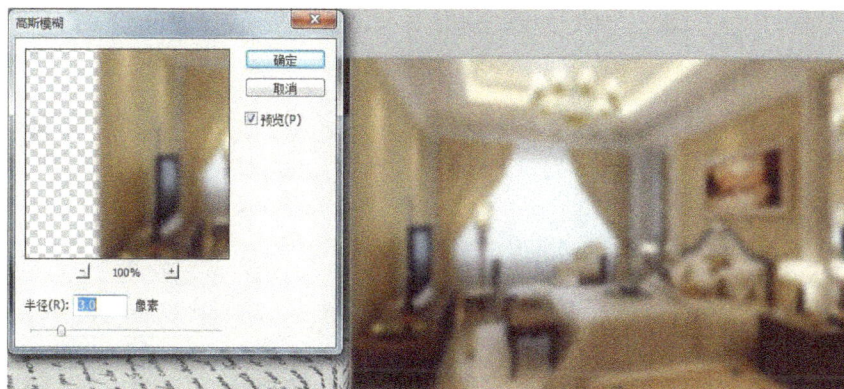

图 25.32　"高斯模糊"对话框

⑥ 按住【Ctrl】键单击家装图片层的缩略图得到图层选区，新建"图层 3"，选区填充白色，"不透明度"降为 40%，按组合键【Ctrl+D】取消选区，如图 25.33 所示。

图 25.33　"白色"图层效果

⑦ 新建"图层 4"，画白色圆形，"不透明度"降为 40%，如图 25.34 所示。

图 25.34　白色圆形效果

⑧ 按住【Ctrl】键单击"图层 4"的缩略图得到图层的选区，新建"图层 5"，按组合键【Alt+E】，并按【S】键打开"描边"对话框，设置如图 25.35 所示。

图 25.35　"描边"对话框

⑨ 将图层 5 的"不透明度"降为 40%，选择"移动工具"，按住【Alt】键拖动鼠标，复制多个白色圆环，如图 25.36 所示。

图 25.36　复制圆环后效果

⑩ 设置文字颜色为 R：100，G：0，B：0，输入英文"Europe type style"，输入文字"欧式风格"，设置如图 25.37 所示。

图 25.37　输入文字

⑪ 新建"图层 6"，选择"直线工具"，按住【Shift】键在文字的上、下方各画一条直线，如图 25.38 所示。

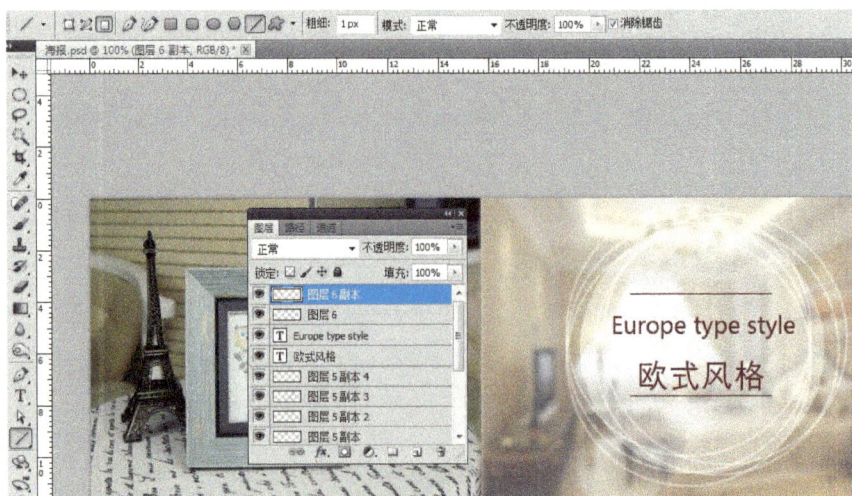

图 25.38　添加直线

⑫ 新建"图层 7"，选择圆角矩形工具，拖拽出一个圆角矩形，在其中输入英文"NEW"，继续在下方输入文字"欧式两件组合相框"。广告文字效果如图 25.39 所示。

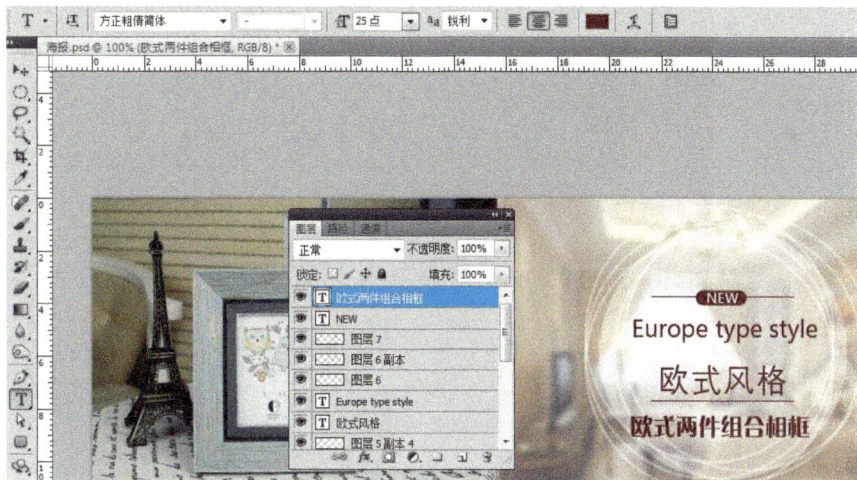

图 25.39　广告文字效果

⑬ 选择"移动工具"，同时选中圆内的七个层，设置"水平居中对齐"，并微调各层上下间距，完成设计。

任务26

发布商品——相框

本任务以摆台相框为例讲解宝贝发布的详细流程，内容包括选择宝贝类目、填写宝贝属性、命名宝贝标题、设置宝贝规格、上传宝贝主图及宝贝描述、设置宝贝上架时间等。

1. 选择宝贝类目

摆台相框的发布

在类目搜索框中输入宝贝的核心关键词"摆框"，即可搜索出宝贝最佳匹配类目："家居饰品>>相框/画框"，完成宝贝类目的选择，单击"我已阅读以下规则，现在发布宝贝"按钮。如图 26.1 所示。

图 26.1　选择宝贝类目

2. 填写宝贝属性

进入宝贝发布界面，首先，选择宝贝类型为"全新"；接下来，填写宝贝属性，品牌为"绿艺"，货号为"ly-033-160At"，相框种类为"相框"，形状为"长方形"，材质为"高分子环保材料 ps"，风格为"欧式"，是否带画片为"否"，如 26.2 所示。

3. 填写宝贝标题

（1）整理关键词列表

分别输入核心关键词"摆框""相框"，通过搜索下拉框、"您是不是想找"功能、宝贝流行元素等途径搜索出大量宝贝关键词，将得到的关键词整理到 Excel 文档中，如图 26.3 所示。

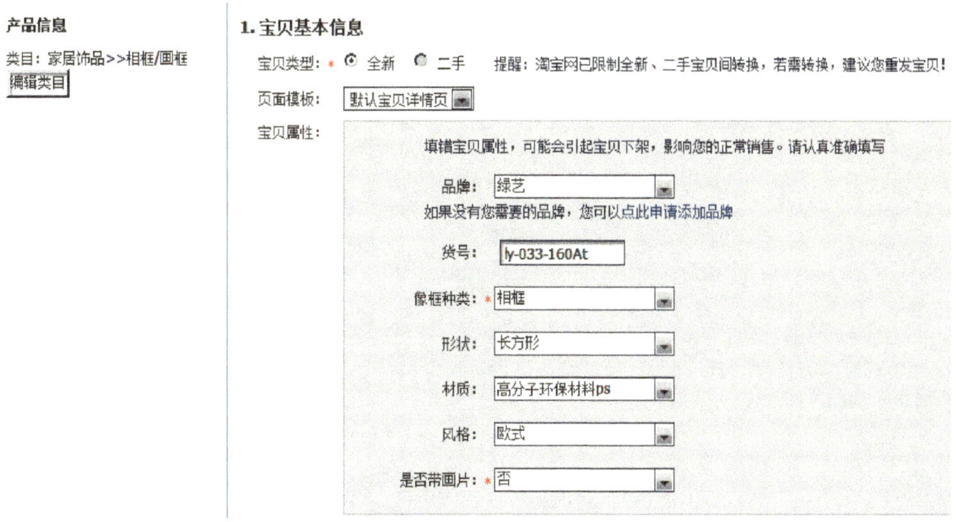

图 26.2　填写宝贝属性

	A	B
1	序号	关键词
2	1	相框
3	2	简约欧式相框摆框
4	3	摆小框
5	4	摆框 证书
6	5	婚纱 框 摆 水晶
7	6	相框摆台
8	7	相框挂墙
9	8	创意相框
10	9	儿童相框
11	10	亚克力相框
12	11	欧式相框
13	12	照片墙
14	13	实木相框
15	14	a4相框
16	15	环保ps相框
17	16	ps环保塑料相框
18	17	5寸 环保 相框
19	18	创意家居相框
20	19	ps线条相框
21	20	相框挂墙

图 26.3　关键词列表

（2）筛选关键词

对关键词列表中的词进行筛选，主要查看使用关键词的当前宝贝数，如图 26.4 所示。并查看宝贝的搜索指数，如图 26.5 所示。将搜索指数和当前宝贝数整理到 Excel 表中，结果如图 26.6 所示。

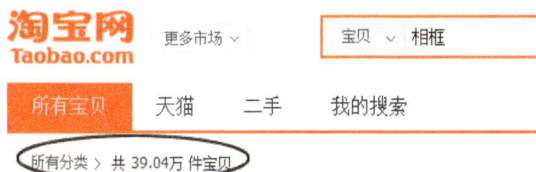

图 26.4　使用“相框”关键词的当前宝贝数

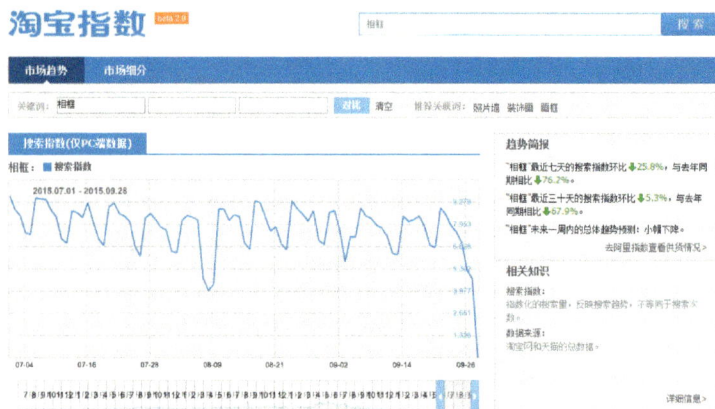

图 26.5　宝贝的搜索指数

图 26.6　关键词列表

在 Excel 表"当前宝贝数"的后面增加一列，命名为"竞争力"，输入公式"=C2/D2"，如图 26.7 所示。按【Enter】键得出计算结果，然后将鼠标移到 E2 右下角，向下拖动即可得到所有关键词的竞争力，如图 26.8 所示。

图 26.7　输入"竞争力"的公式

图 26.8　关键词竞争力列表

按"竞争力"降序排列，在弹出的"排序提醒"对话框中选择"拓展选定区域"，如图 26.9 所示。单击"排序"按钮得到按竞争力降序排列的关键词列表，如图 26.10 所示。从表中可以看到"简约欧式相框摆框""创意家居相框""ps 环保塑料相框"三个关键词的竞争力比较大，是不错的选择。

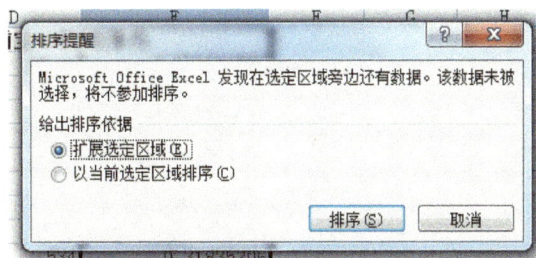

图 26.9 选择"拓展选定区域"

图 26.10 关键词列表

（3）命名标题

给"摆框"命名的操作步骤如下：

① 写宝贝基准词，把前面获取的有搜索量的、竞争力较大的关键词写下来，关键词有"简约欧式相框摆框""创意家居相框""ps 环保塑料相框"，优化标题为"创意家居 ps 环保塑料简约欧式相框摆框"。

② 补充宝贝属性，把前面从下拉框中获取的一些关键词、淘宝平台提供的流行元素相关的词加入标题中，如"5寸7寸长方形创意家居 ps 环保塑料简约欧式相框摆框"。

③ 加促销活动，如"买二包邮"活动，标题则变为"买二包邮5寸7寸长方形创意家居 ps 环保塑料简约欧式相框摆框"。30 个汉字标题位基本占满，完成宝贝标题的命名。

4. 输入宝贝价格

电商实训 2 号店目前主要的营销目标是提升销量和信誉，因此实施低价格、低利润的策略，考察淘宝平台同类宝贝后，给宝贝定价为 18.9 元，如图 26.11 所示。

图 26.11 给宝贝定价

5．设置宝贝规格

该款宝贝目前库存中有 5 寸墨绿色挂框 50 件，5 寸墨绿色摆台 39 件，7 寸墨绿色挂框 45 件，7 寸墨绿色摆台 27 件。设置宝贝规格及库存，如 26.12 所示。

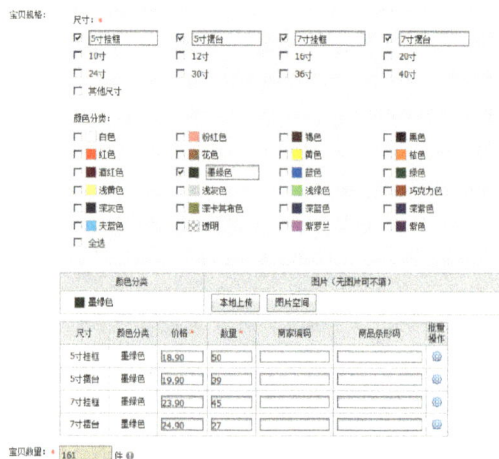

图 26.12　输入宝贝规格及库存

6．上传宝贝图片及详情

前面已经制作好了宝贝主图和宝贝详情，将主图和详情上传，如 26.13 所示。

图 26.13　上传宝贝主图和详情

7．设置运费模板

店铺运费模板设置如图 26.14 所示。

图 26.14　运费模板设置

发布相框宝贝时选择"相框运费"，下面输入宝贝重量，如图 26.15 所示。

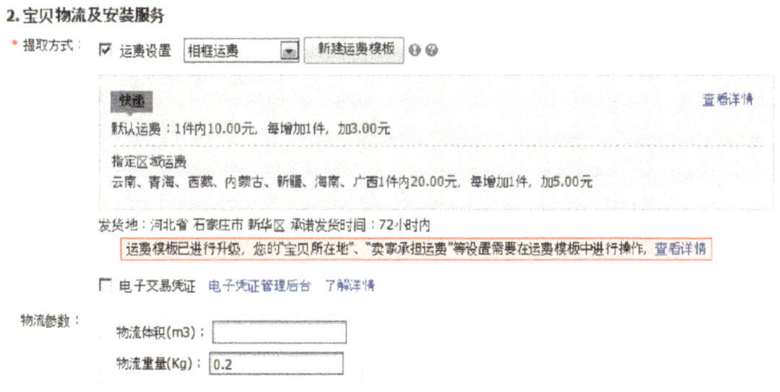

图 26.15　选择运费模板

8．设置宝贝上架时间

电商实训 2 号店共有 120 件宝贝，数据魔方数据显示，工作日买家购物时间集中在白天 10：00—16：00，晚上 20：00—22：00，共 8 个小时；周末买家购物时间集中在白天 13：00—17：00，晚上 21：00—23：00，共 6 个小时。考虑到周末购物人减少、实训的学生周末放假，因此采取前面讲的第二种方案上架宝贝，也就是 7 天时间分权重，周一至周五一种上架方式，周末两天另一种上架方式。将商品数量进行分配，其中周一至周五上架 120 件商品的 80%，也就是 120×80%=96 件，而周末则上架 20% 的商品，即 120×20%=24 件。因此，周一至周五：（8×5×60）/96=25 分/件，周六至周日：（6×2×60）/24=30 分/件，也就是说周一至周五，每天根据选好的时间段，每隔 25 分钟上架一个宝贝，周末每隔

30 分钟上架一个宝贝，后期再根据客流量进行调整。"摆框"的上架时间设置如图 26.16 所示。

图 26.16　设置上架时间

9. 橱窗推荐

目前，店铺橱窗推荐位有 6 个，将绝大部分橱窗位（5 个）分配给了即将下架的宝贝，如图 26.17 所示。剩余 1 个计划分配给店铺的爆款宝贝或主推宝贝，如图 26.18 所示。"摆框"这款宝贝价格实惠，特点有吸引力，因此，上架时将它设置为橱窗推荐宝贝。

图 26.17　即将下架的宝贝

图 26.18　爆款宝贝

相框店铺线上活动推广

1. 千牛接待中心的设置

（1）个性签名的设置

"每家美家"相框网店宣传的是一种环保时尚理念，通过健康环保的宣传，吸引顾客，促使顾客下单购买，因此，将个性签名设置为"绝对的健康、环保，装饰美丽生活！"如图 27.1 所示。

图 27.1　个性签名

（2）头像设置

目前，网店正在打造爆款，通过爆款流量带动整个店铺的流量及销售。本店主推的商品是一款摆框，为了促使买家更多查看该商品，从而下单购买，本店将该商品制作成千牛接待中心头像，如图 27.2 所示。

（3）自动回复设置

时刻注重宣传网店环保理念，将千牛接待中心的自动回复设置为"您好，欢迎光临每家美家环保相框店，本店产品采用高分子环保材料 PS，环保健康，我们的口号是：顾客至上，环保至上！亲看中哪款产品告诉我们，我们会给予您最详尽的解答"，设置效果如图 27.3 所示。

图 27.2　千牛头像

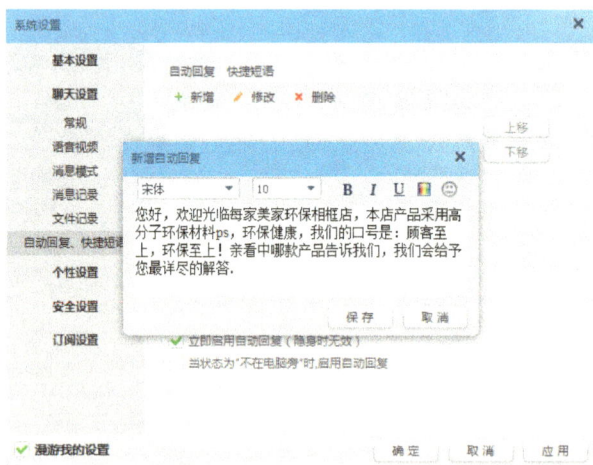

图 27.3　设置千牛自动回复

（4）快捷短语设置

每家美家环保相框网店快捷短语整理如下。

关于宝贝材质：亲，本店所有相框均采用高分子仿实木材料，在打造美丽、时尚的同时，赋予您绝对的安全、环保，我们的产品没有任何异味，愿接受您的检验，谢谢！

关于宝贝价格：亲，我们的产品价格非常实惠，直接按批发价发售，为的是节省您的购买时间与口舌，您在我们店里买到的绝对是超值的好宝贝，谢谢支持！

关于支付方式：亲，价格已调整好，请进入"我的淘宝"，"已买到的宝贝"进行支付，支付完请跟我说一下，我要再次跟您核对资料，谢谢！

关于快递：亲，我们使用的是天天和申通两个快递，如果需要其他快递运送，请在拍下宝贝的同时，在留言里写一下，如果要发顺丰或邮政快递，麻烦您补一下邮费！

关于退换货运费：亲，如果是商品质量问题退换货，来回的运费由我们承担，不会让您有一点损失，如果是您的喜好原因，需要由您承担回来的运费，给您带来的不便，敬请谅解！

关于发货：亲，付款后我们尽量当天填写快递单，按照先后顺序发货，承诺 48 小时内发货，麻烦您耐心等待一下，谢谢！

关于签收：提醒亲，拿到包裹后一定当场打开验货，有疑问及时联系我们，我们会第一时间帮您处理，祝您购物愉快！

2. 每家美家相框店日常管理

（1）宝贝管理

宝贝的日常管理主要是宝贝删除、下架及宝贝标题、库存的修改。对不再出售的宝贝及时进行删除，对暂时无库存的宝贝进行下架。推广小组成员及时关注宝贝的热门关键词并进行整理，从而对宝贝标题进行调整。宝贝有些颜色或型号缺货时，及时调整库存量，避免因缺货造成退款。

（2）交易管理

及时关注店铺订单情况，已经付款的订单，及时跟买家确认收货地址、联系人等信息，并填写快递单，及时发货；买家没有付款的订单，在千牛上向买家询问并温馨提示发货时间；已经发货的订单，要关注其物流情况，并及时向买家汇报物流信息；对于退款的订单，要向买家询问原因，并及时处理退款。

（3）评价管理

对于收到的好评，要有针对性的进行回评，让买家体会到卖家的用心和对买家的珍惜，也可以进行回复；对于收到的中差评，及时跟客户通过千牛或电话联系，属于商品质量问题的，要及时给买家办理退换，消除买家的后顾之忧，如果遇到恶意买家，需要对评价进行解释。

（4）物流管理

根据不同客户的需要，店铺主要用的快递有天天、申通、顺丰、邮政4个。天天、申通快递速度不错，网点覆盖范围比较广，能够满足绝大部分客户的需求，价格相对比较合理；顺丰速运比较快，可以满足加急订单的需求，但价格比较高；邮政网点覆盖全国，可以满足偏远地区客户的需求。宝贝发货后，及时给顾客发送物流信息，顾客签收后通过短信方式，感谢顾客的购买，并赠送顾客优惠券，方便顾客再次购买，提升店铺售后服务温馨度。

3. 电商实训2号店促销活动

为了提升宝贝人气，对店铺宝贝进行了丰富的促销活动设置，同时，所有宝贝均加入了公益宝贝计划，如图27.4所示。

图27.4　加入公益宝贝计划

（1）设置 VIP 价格促销

搜集店铺热销宝贝，并为其设置 VIP 价格优惠，促进老顾客购买，如图 27.5 所示。

（2）设置限时折扣

对宝贝进行有计划的折扣促销，一部分宝贝折扣促销活动结束后，选择新的宝贝进行折扣促销，给顾客以急迫感，让已下单的顾客感觉买到了实惠，活动之前要适时向老顾客进行宣传，如图 27.6 所示。

图 27.5　设置 VIP 价格促销　　　　　　　图 27.6　设置限时折扣

（3）设置"满就送"活动

新店开业一直在搞"满就送"促销活动，满 30 元有礼品赠送，吸引买家更多购买。"满就送"活动设置界面如图 27.7 所示。商品详情页的展示效果如图 27.8 所示。

图 27.7　设置"满就送"活动

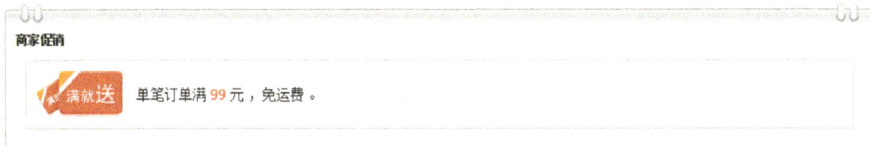

图 27.8　详情页的"满就送"活动

（4）设置"搭配套餐"活动

选择合适的宝贝进行搭配销售，将部分宝贝设置为多级搭配销售，方便买家选择的同时，提升销量，如图 27.9 所示。

图 27.9　"搭配套餐"活动

（5）设置"淘金币抵钱"活动

给宝贝设置"淘金币抵钱"活动，如图 27.10 所示。

图 27.10　"淘金币抵钱"活动

电商实训 2 号店中宝贝不能只参加一项活动，如同时参加折扣、淘金币、搭配套餐、优惠券等活动。通过参加多项活动，增加宝贝的吸引力和活力，促进买家下单购买。

知识选读

店铺成长阶段及推广方向

店铺从注册创建开始都会经历一个成长过程，每个阶段店铺呈现的特点不同，也必然决定了每个阶段的运营推广方向不同。只有结合店铺成长阶段特点，采用合适的推广手段，才能保证店铺稳健发展。

1. 初期

店铺起步阶段即新店时期，这个阶段店铺买家数量不多，此阶段运营的主要目标是打造热卖商品引入流量。首先，根据淘宝数据，分析本店类目市场热销商品，然后，选择商品作为准备打造的热卖商品。对选择的商品开始基础优化，获取自然搜索流量，测试展现点击率，优化标题、主图、宝贝详情页、上下架时间和橱窗推荐，使用淘宝平台一些免费扶持新店的资源，报名一些小活动，开通"直通车"和"淘宝客"，测试展现点击率和访问深度、页面停留时间、浏览回头率、成交转化率，并优化各种指标。争取抢占淘宝平台搜索首页位置，可以先从长尾关键词开始，慢慢地优化，等积攒了一定的销量和好评，可以考虑抢占当前热搜词首页位置。同时，要设置各种店内促销活动，增加店铺宝贝吸引力和人气。新店的信誉和人气较低，切忌盲目花钱报名付费活动。

2. 成长期

店铺有一定的信誉和销量后，要设计更大、更专业的推广方案。对于热卖商品，要根据前期顾客的评价和反馈，分析宝贝顾客群体特点及对宝贝的偏好，重新补充修改宝贝详情页，进一步优化商品的实物图、细节图、场景图，将顾客关注热点进行重点优化和展示，从而提升热卖商品的市场针对性。同时，可以根据市场反馈，对商品进行加工改进，满足顾客需求，扩大市场需求范围。此时除了积极参与淘宝平台免费活动外，可以开始考虑参加一些付费推广活动，加大"硬广"的投入力度，通过付费活动的推广，促使商品有大的销量。注意分析活动效果，并及时进行改进和完善。

3. 成熟期

前期主要对店铺单款宝贝进行打造，集中精力进行小范围地推广，到了成熟期，要进行更多宝贝的热销打造和推广，围绕前期单款热销宝贝，打造多款热销宝贝系列，提高整个店铺转化率和销量，提升整个店铺的人气。这个阶段已经积累了大量顾客资源，维护好老顾客，在老顾客中进行活动推广，是此阶段的重要任务。通过老顾客的维护和推广，可以大大提升顾客回头率及店铺宝贝排名。此时要加大店铺参加活动力度，筹划和参加淘宝平台的其他付费活动，如"钻石展位""超级麦霸"等，开始参与淘宝平台各类大型活动。

反侵权盗版声明

电子工业出版社依法对本作品享有专有出版权。任何未经权利人书面许可，复制、销售或通过信息网络传播本作品的行为，歪曲、篡改、剽窃本作品的行为，均违反《中华人民共和国著作权法》，其行为人应承担相应的民事责任和行政责任，构成犯罪的，将被依法追究刑事责任。

为了维护市场秩序，保护权利人的合法权益，我社将依法查处和打击侵权盗版的单位和个人。欢迎社会各界人士积极举报侵权盗版行为，本社将奖励举报有功人员，并保证举报人的信息不被泄露。

举报电话：（010）88254396；（010）88258888

传　　真：（010）88254397

E-mail：　dbqq@phei.com.cn

通信地址：北京市海淀区万寿路 173 信箱

　　　　　电子工业出版社总编办公室

邮　　编：100036